Rudolf Katzenbergers Feine Deutsche Küche

’s „Adler“

Rudolf Katzenbergers

Feine Deutsche Küche

Menüs und Rezepte vom Adlerwirt in Rastatt

Beschrieben von Ursula Fabian

Fotografiert von Manfred Hamm

Mosaik Verlag

Gestaltung
Dieter Winzens

Mit Ausnahme von 2 Aufnahmen sind sämtliche Fotos
von Manfred Hamm
Seite 17 ZEFA
Seite 49 Mauritius

Satz: Nagel Fototype, Berlin
Reproduktion: Kirchner + Graser GmbH & Co, Berlin
Druck und Einband: Passavia, Passau

ISBN 3-570-06939-7

Inhalt

Die Küchenbrigade des „Adler"

Blick ins Schwarzwaldstüble

Letzte Vorbereitungen vor Ankunft der Gäste

Das Jagdzimmer

Bei der Arbeit

Die Küche im „Adler“

Im Kräutergarten

Über Rudolf Katzenberger

*An seinem Tische zeigt sich
nicht das Seltenste, sondern das
Beste, nicht bunteste Mannigfaltigkeit
aller Zonen und Länder,
aber das Zeitgemäße in
möglichster Güte.*

*Eugen von Vaerst, Gastrosophie
(1852)*

Seit fünf Generationen sind die Katzenbergers Wirtsleute im »Adler«, jenem Gasthaus im Rastatter Viertel jenseits der Murg, das die Feinschmecker von nah und fern anzieht, manche schon seit Jahrzehnten. Was das Haus aus dem frühen achtzehnten Jahrhundert, das mit seinem schmalen Eingang, den niedrigen Decken und kleinen Fenstern nichts von einem Gourmet-Tempel an sich hat, so beliebt macht, ist nicht allein die Exklusivität der Küche, sondern auch die eigene Art, in der Kochkunst und Eßkultur hier gepflegt werden.

Rudolf Katzenberger ist Traditionalist, und vor allem schätzt er die Tradition des gediegenen Handwerks. Die Katzenbergers begannen als Hofmetzger der kleinen Residenzstadt. Er selbst hat diesen Beruf als Vorbereitung auf seine Kochlehre im berühmten Kurhaus Hunseck an der Schwarzwaldhöhenstraße noch erlernt. Daß der Kunst das Handwerk vorausgeht, beweist sein Werdegang und ist zugleich seine feste Überzeugung. Daraus entspringt jener unbeirrbare Sinn für die Vollkommenheit des Einfachen, der in der Küche des »Adler« zutage tritt.

Rudolf Katzenberger ist auch in dem Sinne Traditionalist, daß er aus der Region heraus lebt und schafft. Das Land am Oberrhein hat für ihn eine Eigenart wie kein anderes deutsches Land und diese, so findet er, hat sich auch auf die Speisekarte Badens ausgewirkt. Die Begrenzung durch Rhein und Schwarzwald läßt nur eine bedingte Vielfalt zu, aber eben darin liegt die Chance und die Herausforderung für den Koch. Rudolf Katzenberger hat das zeitlebens empfunden.

Die Küche Katzenbergers ist eine bodenständige Küche. Sie greift bewußt auf das zurück, was sich seit Jahrhunderten bewährt hat. Dabei spielt die Familientradition eine nicht geringe Rolle. Aber seine Küche wiederholt nicht einfach, was sich an Herkömmlichem anbietet. Sie nimmt die Tradition zum Ausgangspunkt, und das Ziel ist die Überhöhung zu einer Feinen Küche. Katzenberger versucht das Überlieferte zu sublimieren – zur Freude derjenigen, wie er in seiner »Liebeserklärung an die badische Küche« bemerkt, „welche dieser Art der Pflege von Kultur die feinschmeckerische Seite abgewinnen können".

Seinem Bemühen kommt nicht nur die Landschaft entgegen, die mit vielem gesegnet ist, was sich weiter östlich und weiter nördlich nicht in gleicher Fülle und Güte darbietet, sondern auch das hohe Niveau der einfachen badischen Küche. Katzenbergers Küche, im besten und neuesten Sinne eine »cuisine du marché«, ist zugleich eine Küche des heimischen Rastatter Marktes. Dort werden Obst und Gemüse noch in jener Qualität angeboten, die für die Feine Küche eine unentbehrliche Voraussetzung ist. Rudolf Katzenbergers Kochbuch ist daher notwendig ein Jahreszeiten-Kochbuch, wie auch die Küche des »Adler« ausschließlich eine Jahreszeiten-Küche ist.

Die Forderung nach natürlicher und frischer Zubereitung aller Nahrungsmittel ist für Katzenberger nicht neu. Er hat sie längst vor der Proklamierung der »nouvelle cuisine« gestellt. Sie stammt aus Carl Friedrich von Rumohrs klassischem Werk über den »Geist der Kochkunst« (1823), durch das er schon als junger Koch zu dem Gastrosophen wurde, als den ihn seine Freunde und Bewunderer heute schätzen.

Seit Jahrzehnten ist Rudolf Katzenbergers zweiter Arbeitsplatz die Studierstube. Er nennt eine große Sammlung historischer Koch- und Küchenbücher sein eigen, und wie wenige andere Köche ist er mit der Geschichte von Küche und Tafel vertraut. Die Anregung zu manchen seiner Rezepte stammt aus einem Kochbuch des achtzehnten oder neunzehnten Jahrhunderts. Er ist also nicht nur ein gelernter Koch, er ist auch ein gelehrter Koch, bei dem sich Kulinarisches und Literarisches vielfältig miteinander verbinden.

Wer so in der Geschichte wurzelt, hält Distanz zu den Ereignissen des Tages. Rudolf Katzenberger hat im Verlaufe eines halben Jahrhunderts manche Mode des Kochens und der Zubereitung kommen und gehen sehen – aber er hat keine mitgemacht. Häufig moderner als die jeweilige Mode, ist er nie ein Revolutionär gewesen, aber ein Purist, der das, was er als richtig erkannte, geduldig und ohne Spitzfindigkeiten verfeinert hat. Gleichwohl hat er immer mit Interesse verfolgt, was sich im Reiche der Kochkunst tut, und im »Adler« weiß man stets, was sich draußen, auch außerhalb der Grenzen Deutschlands, zuträgt.

Die Weltzugewandtheit Rudolf Katzenbergers, die mit seiner badischen Bodenständigkeit eine durch ihren Charme immer wieder verblüffende Synthese eingeht, hat ihn über den bloßen Kenner hinaus zu einer gastronomischen Autorität gemacht, deren Rat und Erfahrung vielfach begehrt sind. Er bekommt zahlreiche Einladungen, auch anderwärts für ein anspruchsvolles Publikum zu kochen, und viele Anerkennungen und Ehrungen sind ihm zuteil geworden. Von Frankreich wurde ihm die hohe staatliche Auszeichnung der «Grande Pôele d'Or», der Goldenen Pfanne, als einzigem deutschen Koch verliehen.

Für die Gäste des »Adler«, und dazu gehören Handwerker aus der Stadt wie Mitglieder des europäischen Hochadels, ist Rudolf Katzenberger mehr als ein Wirt von meisterhaftem Können, der sich sicher ist, daß er auch verwöhnte Gaumen befriedigen kann. Er ist ein Gastgeber von heute seltener Art, ein einfallsreicher Plauderer und Anekdotenerzähler, in dessen Küchenlehre Hering und Hummer, Kartoffel und Kaviar gleichermaßen ihren Platz haben und in dessen Gastrosophie sich eine amüsante Lebensphilosophie spiegelt.

Ursula Fabian

Die fotografischen Aufnahmen der Gerichte wurden sämtlich im Schloß Favorite bei Rastatt gemacht. Als Hintergrund dienten Scagliola-Intarsien des Bodenbelages aus dem achtzehnten Jahrhundert.

Wir danken dem Landesliegenschaftsamt, Karlsruhe, und der Schloßverwaltung für die Erlaubnis, im Schloß zu fotografieren.

Mosaikbild im Schloß Favorite

Vor dem Schloß Favorite

Menüs im Frühling

Erstes Frühlingsmenü

Helgoländer Krebstorte
Sauerampfersuppe
Spiegelkarpfen
nach einem alten Klosterrezept
Karamelcreme

Zweites Frühlingsmenü

Grünkernsuppe
Forellenfilets in Sektschaumsauce
Rehnüßchen
nach Schwarzwälder Art
Tannenhonig-Halbgefrorenes

Drittes Frühlingsmenü

Kalbskopfsuppe
Käseauflauf
Spargel mit warmer Pökelzunge
und Eierpfannkuchen
Zitronencreme

Viertes Frühlingsmenü

Schwartenmagen
Froschschenkelsuppe
Gefüllte Poulardenkeule
in Morchelrahm
Waldmeistergelee

Gründonnerstagsessen

Kerbelsuppe
Geräuchertes Lachsforellenfilet
Rheinzander Doria mit Kresse-
und Löwenzahnsalat
Rhabarbertörtchen

Ostermenü

Eier aus dem Morgenlande
Froschschenkelauflauf
Osterlammrücken mit gebackenen
Pfefferminzblättern
Nougat-Halbgefrorenes

Pfingstmenü

Rehrückenpastete
Spargelspitzen Königin Christine
Kalbslende Stephanie mit
Kartoffelauflaufrand
Erdbeercharlotte

Sektfrühstück

Tatarkeilchen mit
Kaviar und Austern
Krebse auf Pumpernickel
Roastbeefröllchen mit Senffrüchten
Käsewindbeutel

Helgoländer Krebstorte

Helgoländer Krebstorte

Vorbereiten

Die Krebse mit einer Bürste unter fließendem Wasser reinigen. In einem großen Topf das Wasser mit Meersalz, Lauch, Dillstengeln und etwas Kümmel zum Kochen bringen. Drei der Krebse mit dem Kopf nach unten in das sprudelnde Wasser werfen. Mit dem Deckel fest zudecken und 5 Minuten kochen lassen. Die nun roten, aber noch nicht garen Krebse herausnehmen. Mit den restlichen Krebsen ebenso verfahren. Bei den vorgekochten Krebsen den Darm entfernen, indem man die mittlere Schwanzschuppe und den daran hängenden Darm herausdreht. Die Krebse anschließend im Sud noch weitere 8-10 Minuten garen und auskühlen lassen. Danach werden die Krebsschwänze und Scheren vom Kopfbruststück, der sogenannten Krebsnase, gebrochen. Das Schwanzfleisch auslösen. Den linken und rechten Krebsscherenrand mit einer Küchenschere abschneiden, die Kruste abbrechen und das Scherenfleisch herauslösen. Die Krebsnasen auswaschen. Die Krebsbrühe durch ein Sieb gießen und warm halten.

Zutaten

Für die Garnitur:
6 Krebse zu je 60 g

Für den Krebssud:
3 l Wasser
1 EL Meersalz
1 Lauchstange (nur das Weiße)
Einige Dillstengel, Kümmel

Für die Füllung:
6 Blatt Gelatine
1/8 l Krebsbrühe
1/2 l süße Sahne
Salz
2 gehäufte EL gehackter Dill
Etwas Zitronensaft
1 gehäufter EL Tomatenmark
1 EL Tomatenketchup
1 TL edelsüßes Paprikapulver
2 EL geriebener frischer Meerrettich, etwas Zitronensaft
1 Prise Zucker

3 gebackene Blätterteigplatten von je 20 cm Durchmesser

Zubereiten

Die Gelatine einweichen, ausdrükken und in heißer Krebsbrühe auflösen. Dieses Gelee wird zum Binden der Füllung gebraucht. Die Sahne leicht salzen, steifschlagen und in drei Teile teilen. Das erste Drittel mit dem gehackten Dill und einigen Spritzern Zitronensaft würzen. Das zweite Drittel mit dem Tomatenmark, Ketchup und Paprikapulver vermischen. Das letzte Drittel mit Meerrettich, Zitronensaft und etwas Zucker würzen. Das abgekühlte Gelee, das gerade zu stocken beginnt, zu gleichen Teilen unter die drei Sahnemischungen ziehen.

Auf den unteren Blätterteigboden die Dillsahne, auf den mittleren die Tomatensahne streichen. Mit der Meerrettichsahne den oberen Boden und den Tortenrand rundum bestreichen. Die Torte im Kühlschrank durchkühlen und festwerden lassen.

Anrichten

Kurz vor dem Anrichten die Torte in 6 Portionsstücke markieren. Jedes Stück oben mit einem in 2 Teile längs halbierten Krebsschwanz und 2 Krebsscheren belegen. Den Rand mit 6 senkrecht stehenden Krebsnasen umstellen, die mit Dillsahne gefüllt sind.

Hinweis

Die Krebstorte in den Farben Helgolands – grün, rot, weiß – ist eine effektvolle und leicht zuzubereitende Vorspeise, die man auch als Mittelpunkt eines kalten Büffets anrichten kann. Noch zu Zeiten meiner Großmutter waren Krebse ein billiges Volksnahrungsmittel und eine beliebte Fastenspeise. Durch Krebspest und Gewässerverschmutzung dezimiert, sind Krebse heute zu einer raren Delikatesse geworden.

Sauerampfersuppe

Vorbereiten

Die Zwiebeln hacken und die geschälten, mehlig kochenden Kartoffeln würfeln.

Zubereiten

In der Butter die Zwiebel- und Kartoffelwürfel anschwitzen, ohne daß sie Farbe annehmen. Mit kaltem Wasser und kalter Milch aufgießen, salzen und weichkochen. Anschließend im Mixer mit dem Sauerrahm mischen. Weder Ei noch Mehl zufügen. Mit Muskatnuß und frischgemahlenem weißen Pfeffer würzen. Zurück auf den Herd geben, aber nicht mehr kochen lassen.

Erst kurz vor dem Anrichten den rohen, sehr fein gehackten Sauerampfer unterziehen. Bis die Suppe auf dem Tisch steht, hat sie der Sauerampfergeschmack würzig durchzogen.

Zutaten

2 Zwiebeln
500 g Kartoffeln
60 g Butter
1/2 l Wasser
1 l Milch
6 EL Sauerrahm
Salz, Muskatnuß, weißer Pfeffer
125 g Sauerampferblätter

Hinweis

Für Suppen oder Saucen sollten Sie Kräuter nie dämpfen, sondern stets roh verwenden. Der Gesundheitswert der Kräuter ist höher, und ihre Farbe bleibt appetitlich grün. Sie können statt Wasser auch Fleischbrühe verwenden. Allerdings beeinträchtigt diese den reinen Kräutergeschmack.

Spiegelkarpfen nach einem alten Klosterrezept

Vorbereiten

Den Karpfen ausnehmen, längs in zwei Hälften teilen und jede Hälfte in Kopf-, Mittel- und Schwanzstück schneiden, so daß Sie 6 einpfündige Portionen erhalten.

Das Gemüse in feine Streifen, die Zitrone in hauchfeine Scheiben schneiden. Dill und Petersilie hakken.

Zubereiten

Die Gemüsestreifen mit den getrockneten, den gehackten frischen Kräutern, den Wacholderbeeren und Pfefferkörnern vermengen. Einen flachen Topf mit der Hälfte dieser Mischung ausstreuen. Die Karpfenstücke salzen, darauflegen und mit der restlichen Mischung bestreuen. Den Riesling angießen und so viel Wasser zufügen, daß der Karpfen bedeckt ist.

Langsam zum Kochen bringen und etwa 30 Minuten leicht kochen lassen. Das langsame Kochen bewirkt, daß das Karpfenfleisch salmrosa, zart mürbe und vom Wein und dem Aroma der Kräuter durchdrungen wird. Das Fett setzt sich an

Bei der Auswahl von Wildkarpfen

der Oberfläche ab und soll abgeschöpft werden. Unmittelbar vor dem Anrichten die Butter in einem Butterpfännchen zerschmelzen lassen.

Anrichten

Die Karpfenstücke aus dem Sud heben und mit den Gemüsestreifen belegen. Feine Späne von der Meerrettichstange schaben und über den Fisch streuen. Die Zitronenscheiben darüber verteilen. Reichen Sie dazu Salzkartoffeln und schäumend heiße Butter.

Zutaten

1 Spiegelkarpfen von 6 Pfund
2 Stangen Lauch
2 Karotten
1/4 Knolle Sellerie
2 Zwiebeln
2 Zehen Knoblauch
1 ungespritzte Zitrone
2 Bund Dill
1 Bund Petersilie
1 EL getrockneter Estragon
1 EL getrockneter Salbei
Wacholderbeeren, Pfefferkörner
Salz
1 Flasche Riesling
1 Stange Meerrettich
180 g Butter

Hinweis

Unter Kennern gilt das Kopfstück als besondere Delikatesse. Ich verwende zu diesem Gericht gern zehnpfündige oder noch schwerere Spiegelkarpfen aus den Altrheinarmen. Sie sollten dieses Rezept mit einem mindestens sechspfündigen Wildkarpfen nachkochen. Weniger schwere Zuchtkarpfen enttäuschen hinsichtlich Farbe, Konsistenz und Geschmack. Schon im frühen Mittelalter war der Karpfen als begehrte Fastenspeise ein „Klosterfisch“. Er wurde von den Mönchen gezüchtet und wahrscheinlich auch von ihnen ins Rheintal gebracht.

Karamelcreme

Vorbereiten

Streichen Sie 6 Auflaufförmchen von 8 Zentimeter Durchmesser dünn mit weicher Butter aus.

Zubereiten

Für den Karamel schmelzen Sie den Zucker in einer Kasserolle mit schwerem Boden. Solange auf dem Feuer lassen, bis der Zucker goldbraun karamelisiert ist. Mit dem Karamel den Boden der Förmchen etwa 2 Millimeter hoch ausgießen. Den restlichen Karamel mit etwas heißer Milch vom Kasserollboden ablösen und diese Sauce aufbewahren.

Die Milch mit dem Mark der Vanilleschote aufkochen. Eier und Eigelbe mit dem Zucker verrühren, aber nicht schaumig schlagen. Die heiße Vanillemilch langsam in die Eimasse rühren, so daß die Eier binden. Durch ein Spitzsieb in die Förmchen gießen. Im 150 Grad heißen Ofen wird die Creme etwa 25 Minuten im Wasserbad pochiert. Sie darf keinesfalls kochen, da sie sonst Blasen wirft und löcherig wird. Über Nacht im Kühlschrank kühlen.

Zutaten

20 g Butter
125 g Zucker
1/2 l Milch
1/2 Vanilleschote
4 Eier
2 Eigelbe
100 g Zucker

Anrichten

Kurz vor dem Servieren die gut gekühlte Creme auf Dessertteller stürzen und mit der Karamelsauce umgießen.

Weinempfehlung

Zur Krebstorte empfehle ich einen 1980er Badenweiler Römerberg Nobling Kabinett trocken aus dem Weingut Fritz Blankenhorn, Schliengen/Baden, und zum Karpfen einen 1978er Ihringer Winklerberg Ruländer Spätlese aus dem Weingut Rudolf Stigler, Ihringen am Kaiserstuhl.

Grünkernsuppe mit Markklößchen

Zubereiten

Den Grünkernschrot in der Rinderbrühe in etwa 1 Stunde weichkochen. Anschließend im Mixer mit der Sahne vermischen und mit Salz und frischgemahlenem Pfeffer würzen.

Für die Klößchen wird das Rindermark mit einer Gabel zerdrückt, leicht erwärmt und mit den Eiern schaumig gerührt. Nach und nach soviel Paniermehl zugeben, wie die Masse aufnimmt. Mit Salz und Muskatnuß würzen. Mindestens 15 Minuten quellen lassen. Anschließend kleine Klößchen formen und diese in etwas Salzwasser oder Fleischbrühe garen. Herausnehmen und warmhalten.

Zutaten

125 g Grünkernschrot
1 l Rinderbrühe
(Grundrezept Seite 146)
1/4 l süße Sahne
Salz, weißer Pfeffer
2 EL Schnittlauch

Für die Markklößchen:
80 g Rindermark
2 kleine Eier
80 g Paniermehl
Salz, Muskatnuß

Anrichten

Die Klößchen in die Suppe einlegen und den feingeschnittenen Schnittlauch darüberstreuen.

Forellenfilets in Sektschaumsauce

Vorbereiten

Filieren Sie die ausgenommenen Forellen, indem Sie sie längs dem Rücken vom Kopf bis zum Schwanz aufschneiden und mit der flachen Klinge dicht an den Gräten entlangfahren. Ziehen Sie aber die Haut nicht ab. Die Schalotten feinhacken. Eine flache, feuerfeste Form mit der weichen Butter ausstreichen und mit den Schalottenwürfeln bestreuen.

Zutaten

2 Forellen zu je 250 g
3 Schalotten
40 g Butter
Salz, 1 frisches Salbeiblatt
1/8 l Weißwein

Für die Schaumsauce:
2 Eier, 2 Eigelbe
1/8 l Sekt
1 EL Zitronensaft, Salz, Pfeffer

4 Blätterteighalbmonde

Zubereiten

Die Forellenfilets mit der Hautseite nach unten auf die Schalottenwürfel legen, salzen, den Weißwein angießen, das Salbeiblatt hinzufügen und mit einem gebutterten Pergamentpapier bedecken. In den auf 200 Grad vorgeheizten Ofen geben und etwa 6 Minuten pochieren. Anschließend die Pochierflüssigkeit durch ein Sieb gießen, diese und die Filets warmhalten.

Anrichten

Für die Schaumsauce werden unmittelbar vor dem Servieren die Eier mit den Eigelben schaumig geschlagen. Erst die warmgehaltene Pochierflüssigkeit, dann den Sekt mit dem Rührbesen in den Eierschaum einschlagen. Mit etwas Zitronensaft schärfen und mit Salz und Pfeffer abschmecken.

Die Forellenfilets werden mit der Schaumsauce überzogen, mit den Blätterteighalbmonden garniert und sofort aufgetragen.

Hinweis

Kleinere sind feinere Forellen. Das richtige Gewicht liegt bei 250 Gramm. Wildforellen aus klaren Schwarzwaldbächen, zwischen Mai und Juli gefangen, sind besonders delikat. Versuchen Sie, für dieses Gericht Wildforellen zu bekommen. Dann wird diese Köstlichkeit selbst Fischgegner begeistern. Übrigens kann die Schaumsauce auch im Mixer zubereitet werden.

Rehnüßchen nach Schwarzwälder Art

Vorbereiten

Die Rehfiletscheiben in eine schöne runde Form bringen, die Apfelscheiben im gleichen Durchmesser wie die Rehnüßchen rund ausstechen. Die 8 Champignonköpfe und die Champignons für das Pilzgemüse putzen, letztere in dünne Scheiben schneiden. Mit etwas Zitronensaft beträufeln, damit sie weiß bleiben.

Zubereiten

Für die Rahmsauce geben Sie die zerkleinerten Rehrückenknochen und die Fleischabschnitte in eine große Kasserolle und rösten sie in 40 Gramm Butter an. Die gehackten Schalotten zufügen. Anschließend mit dem Rotwein ablöschen und die Flüssigkeit einkochen lassen. Mit Wasser auffüllen und die Würzzutaten zufügen. Auf kleiner Flamme 1/2 Stunde weiterkochen lassen. Danach entfetten, die Flüssigkeit abseihen und mit dem Sauerrahm auf etwa 1/4 Liter einkochen. Mit Salz und frischgemahlenem Pfeffer abschmecken, mit Flöckchen der restlichen Butter belegen, damit sich keine Haut bildet, und warm halten.

Für das Pilzgemüse die feingehackten Schalotten in der Butter glasig braten, die Pilze zugeben und dünsten, bis alle Flüssigkeit verdampft ist. Mit Salz und Pfeffer würzen.

Die vorbereiteten Apfelscheiben und Pilzköpfe in 40 Gramm Butter vorsichtig braten und mit Salz und Pfeffer würzen.

Die Rehnüßchen mit dem Wildgewürzsalz einreiben und in den restlichen 80 Gramm heißer, gerade

Zutaten

8 Rehfiletscheiben zu je etwa 50 g
8 Apfelscheiben je 1 cm dick
8 Köpfe von rosa Champignons
Zitronensaft
120 g Butter
Wildgewürzsalz
(Grundrezept Seite 149)

Für die Rahmsauce:
Rehrückenknochen und Fleischabschnitte
50 g Butter
2 gehackte Schalotten
1/8 l Rotwein
1/4 l Wasser
Etwas Thymian, Majoran, Petersilienstengel, Speckschwarte
Einige Wacholderbeeren
1/8 l Sauerrahm
Salz, Pfeffer

aufschäumender Butter von beiden Seiten etwa 3 Minuten braten.

Anrichten

Die Rehnüßchen auf Apfelscheiben setzen, mit je einem gebratenen Pilzkopf belegen und mit der heißen Bratenbutter begießen. Das Pilzgemüse, die handgeschabten Spätzle

Für das Pilzgemüse:
500 g rosa Champignons
2 Schalotten
30 g Butter
Salz, Pfeffer, etwas Zitronensaft
Als Beilagen handgeschabte Spätzle (Grundrezept Seite 149) und eingemachte Preiselbeeren

und die möglichst selbst eingemachten Preiselbeeren getrennt dazu reichen.

Hinweis

Wenn Sie dieses Gericht im Herbst zubereiten, nehmen Sie an Stelle der Zuchtchampignons frische Pfifferlinge oder gemischte Waldpilze.

Tannenhonig-Halbgefrorenes

Vorbereiten

Die Walnußkerne in Butter anrösten, mit Puderzucker bestäuben und leicht karamelisieren lassen. Vier schöne Nußhälften beiseitelegen, den Rest zu Krokantsplittern zerkleinern.

Zubereiten

Die Eier mit 100 Gramm leicht erwärmtem Honig im Wasserbad schaumig schlagen. Über mit Eiswürfeln gekühltem Wasser kaltschlagen. Die Schlagsahne mit dem restlichen Honig steif schlagen. Beide Massen vermengen. In 4 Becherförmchen füllen und tiefgefrieren.

Zutaten

100 g Walnußkerne
10 g Butter, etwas Puderzucker
5 Eier
200 g Schwarzwälder Tannenhonig
1/4 l Schlagsahne

Anrichten

Die Formen kurz in heißes Wasser tauchen und das Tannenhonig-Halbgefrorene auf Dessertteller stürzen. Je eine Walnußhälfte wie eine Biene daraufsetzen und mit dem Walnußkrokant umstreuen.

Hinweis

Vor Jahren habe ich dieses Rezept aus purer Neugier entwickelt. Ich wollte wissen, wie der Süßgeschmack in früheren Jahrhunderten war, als man noch nicht mit Zucker süßte.

Weinempfehlung

Zum Forellenfilet empfehle ich Ihnen einen trockenen 1980er Hagnauer Sonnenufer Müller-Thurgau Kabinett vom Winzerverein Hagnau, Bodensee, und zu den Rehnüßchen einen 1979er Ihringer Winklerberg Spätburgunder Spätlese aus dem Weingut Dr. Heger, Ihringen am Kaiserstuhl.

Kalbskopfsuppe

Vorbereiten

Bestellen Sie beim Metzger einen halben, ausgebeinten Kalbskopf und lassen Sie sich die Kalbsknochen zerkleinern. Kopf und Knochen waschen, blanchieren und auskühlen lassen.

Zubereiten

Den Kalbskopf mit den Knochen und sämtlichen Würzzutaten in kaltem Wasser aufsetzen und zum Kochen bringen. Während des behutsamen Kochens laufend abschäumen, damit die Brühe klar bleibt. Nach etwa 1 1/2 Stunden ist das Fleisch weich. Den Kalbskopf herausnehmen und kalt abschrecken. Danach das Fleisch ablösen und in Würfel schneiden. Die Brühe durch ein feines Sieb passieren und darauf achten, daß keine Knochensplitter zurückbleiben. Zurück auf den Herd geben und auf etwa 2 Liter einkochen. Davon etwa 1 1/2 Liter abnehmen und mit Stärkemehl, das mit dem Weißwein angerührt wurde, leicht binden.

Zutaten

1/2 Kalbskopf
250 g Kalbsknochen
1 Zwiebel, 2 Nelken,
1 Lorbeerblatt
1/2 Stange Lauch (nur das Weiße)
1 Karotte, 1/4 Sellerieknolle
Salz, einige Pfefferkörner
3 l Wasser
1 gestrichener EL Stärkemehl
1/8 l Weißwein

Anrichten

Je einen gehäuften Eßlöffel der Fleischwürfel in die Suppentassen einlegen und mit der heißen Brühe auffüllen.

Hinweis

Sie können die restlichen Kalbskopfwürfel mit der übrigen Brühe noch zu einer schmackhaften Kalbskopfsülze verarbeiten.

Käseauflauf

Vorbereiten

Vier Auflaufförmchen mit der weichen Butter ausstreichen. Die Toastbrotscheiben entrinden und würfeln, mit dem Gorgonzola vermischen und in die Auflaufförmchen verteilen.

Zutaten

20 g Butter
4 Toastbrotscheiben
125 g gewürfelter Gorgonzola

Zubereiten

Die Eier mit der Sahne und dem geriebenen Greyerzer verrühren. Mit einer Prise Paprika würzen und vorsichtig salzen, denn der Käse bringt bereits Salz mit. Über die Brot- und Käsewürfel gießen. Einige Minuten stehen lassen, damit die Brotwürfel etwas anziehen. Dann die Förmchen in den auf 220 Grad vorgeheizten Ofen stellen und in etwa 12 Minuten auflaufen lassen.

2 Eier
1/4 l süße Sahne
125 g geriebener Greyerzer Käse
Edelsüßes Paprikapulver, Salz

Anrichten

Die Förmchen ohne weitere Zutat auf kleine Teller stellen und sofort servieren.

Spargel mit warmer Pökelzunge und Eierpfannkuchen

Vorbereiten

Bestellen Sie bei Ihrem Metzger eine mildgepökelte Rinderzunge. Wässern Sie diese einige Stunden, um überschüssiges Salz zu entfernen.

Den Spargel schälen und in 4 Portionen bündeln.

Zubereiten

Die Zunge mit Lorbeerblättern und zerstoßenen Korianderkörnern in kaltem Wasser aufsetzen und in etwa 2 1/2 Stunden weichkochen. Danach kalt abschrecken und die Haut abziehen. Die Zunge in der Brühe warmhalten, damit sich ihre Oberfläche nicht verfärbt. Die Spargelbunde aufrecht in einem hohen Topf in Salzwasser garen. Nur so hat man die Gewähr, daß die Köpfe nicht bereits zerfallen, während die Stiele noch hart sind.

Zutaten

1 mildgepökelte Rinderzunge
4 Pfund Spargel
3 Lorbeerblätter
2 EL Korianderkörner
1/4 l Holländische Sauce
(Grundrezept Seite 148)

Für die Pfannkuchen:
80 g Mehl
1/4 l Milch
4 Eier
Salz
Butter zum Ausbacken

Kleine Pfannkuchen aus den angegebenen Zutaten backen. (Siehe Grundrezept Seite 148).

Anrichten

Die Zunge schräg in Scheiben schneiden, in der Mitte einer großen Platte anrichten und mit dem Spargel portionsweise umlegen. Die kleinen Eierpfannkuchen und die Holländische Sauce getrennt dazu reichen.

Hinweis

Ich koche die Zunge in der Regel ohne Wurzelwerk und Zwiebeln nur mit Korianderkörnern und Lorbeer, die sich gegenseitig in ihrem Aroma steigern. Alles andere würde die Harmonie dieser beiden Gewürze stören.

Zitronencreme

Vorbereiten

Von den gewaschenen Zitronen die Schale dünn abreiben und den Saft auspressen. Die Eier trennen.

Zubereiten

Im Wasserbad die Eidotter mit dem Zucker, der abgeriebenen Zitronenschale und dem Zitronensaft schaumig schlagen. Die Gelatine im Wein einweichen, erhitzen, unter Rühren auflösen und unter die Eimasse geben. Die Creme vom Wasserbad nehmen und kaltrühren. Das Eiweiß und die Sahne steif schlagen.

Zutaten

2 ungespritzte Zitronen
3 Eier
125 g Zucker
4 Blatt Gelatine
1 kleines Glas Weißwein
1/4 l süße Sahne
Zum Garnieren etwas Schlagsahne und kandierte Zitronenscheiben

Erst die Sahne, dann das Eiweiß unter die Creme ziehen. In eine Glasschale füllen und gut kühlen.

Anrichten

Die Creme mit kandierten Zitronenscheiben garnieren und ihren Rand mit Schlagsahne umspritzen. Wenn Sie diese Creme zur Himbeerzeit servieren, so reichen Sie als köstliche Ergänzung ein Püree aus frischen Himbeeren dazu.

Weinempfehlung

Servieren Sie zu diesem Menü einen 1981er Baden-Badener Eckberg Spätburgunder Weißherbst Kabinett aus dem Weingut Eckberg in Baden-Baden.

Schwartenmagen mit Kräutervinaigrette

Vorbereiten

Bestellen Sie bei Ihrem Metzger einen halben gepökelten Schweinskopf ohne die fette Backe. Diesen wässern Sie einige Stunden im kalten Wasser, um das überschüssige Salz zu entfernen.

Zubereiten

In einem großen Topf den Schweinskopf mit Wasser bedekken, Korianderkörner und Lorbeerblätter zufügen und zum Kochen bringen. In 2–3 Stunden bei mäßiger Hitze weichkochen. Dabei immer wieder abschäumen. Wenn das Fleisch sich vom Knochen löst, den Schweinskopf herausnehmen und das Fleisch auslösen – es sollen gut 2 Pfund sein – und in bleistiftstarke Streifen schneiden. Die Streifen in ein Sieb geben und mit kochendem Wasser überbrühen, um sie fettfrei zu machen.

Die Kochbrühe durch ein feines Sieb seihen, erkalten lassen und das sich an der Oberfläche absetzende Fett entfernen. Wieder zum Kochen bringen und auf etwa 1/2 Liter einkochen lassen. Die heiße Brühe, die beim Erkalten von selbst geliert, wird nun mit der halben, von Hand geriebenen Zwiebel, frischgemahlenem schwarzen Pfeffer, frischgemahlenem Koriander sowie mit geriebener Muskatnuß gewürzt. Einen Spritzer Essig hinzufügen und, falls erforderlich, etwas nachsalzen. Die Fleischstreifen mit der Brühe in eine längliche Terrine von 24 Zentimeter Länge geben. Zugedeckt mindestens 12 Stunden kühlstellen.

Für die Vinaigrettesauce werden Salz und Pfeffer mit dem Essig verrührt. Mit einer Gabel das Öl hineinschlagen, bis die Mischung emulgiert. Zuletzt die Schalottenwürfel und gehackten Kräuter sowie das gehackte Ei unterziehen.

Zutaten

1/2 gepökelter Schweinskopf
4 EL Korianderkörner,
4 Lorbeerblätter
1/2 Zwiebel
Pfeffer, Koriander, Muskatnuß
1 Spritzer Essig, Salz

Für die Kräutervinaigrette:
Salz, schwarzer Pfeffer
2 EL Weinessig
6 EL Traubenkernöl
1 feingewürfelte Schalotte
Etwas Kerbel, glattblättrige Petersilie
1 hartgekochtes Ei

Anrichten

Die Terrine kurz in heißes Wasser tauchen und den Schwartenmagen auf eine Platte stürzen. Je 2 dünne Scheiben auf einen Teller geben und mit der Sauce überziehen. Reichen Sie frisches Bauernbrot dazu.

Hinweis

Sie haben natürlich mehr als vier Portionen zubereitet. Aber Schwartenmagen hält sich mehrere Tage und ist auch als Hauptgericht mit Remouladensauce und Röstkartoffeln nicht zu verachten. Ich fülle den Schwartenmagen immer in einen Wurstdarm. Für den Hausgebrauch eignet sich jedoch eine Terrine besser.

Schwartenmagen. Rezept Seite 29.

Froschschenkelsuppe

Vorbereiten

Schalotten und Knoblauchzehe schälen und feinhacken, den Lauch waschen und in Streifen schneiden.

Zubereiten

In der heißen Butter Schalotten, Knoblauch, Lauch und die Froschschenkel ansautieren, aber keine Farbe annehmen lassen. Das Mehl darüberstäuben und mit Fischbrühe und Wein auffüllen. Etwa 15 Minuten bei schwacher Hitze kochen lassen. Danach die Suppe durch ein Sieb gießen. Die Froschschenkel

Zutaten

2 Schalotten
1 Knoblauchzehe
1 Stange Lauch (nur das Weiße)
12 Froschschenkel
40 g Butter
1 gestrichener EL Mehl
1 l Fischbrühe
(Grundrezept Seite 147)
1/8 l trockener Weißwein
1 Eigelb
1 EL süße Sahne
Salz, weißer Pfeffer

entbeinen und die ausgelösten Muskelbällchen warm halten.

Das Eigelb mit der Sahne verrühren und mit 1 Eßlöffel heißer Suppe verrühren. Diese Mischung in die nicht mehr kochende Suppe einrühren, um sie zu binden. Mit Salz und weißem Pfeffer würzen. Die Suppe soll weiß und leicht sämig sein.

Anrichten

Das Froschschenkelfleisch auf die vier Suppentassen verteilen und die Suppe darübergießen.

Gefüllte Poulardenkeule in Morchelrahm

Vorbereiten

Die Poulardenkeulen werden entbeint, indem man den Unterschenkel bis zum Gelenk aufschneidet, den Unterschenkelknochen im Gelenk durchtrennt und auslöst. Der Oberschenkelknochen wird von untenher ausgelöst, so daß eine Höhlung entsteht. Dort hinein wird mit Hilfe des Spritzbeutels die Farce gespritzt, sowie auf den aufgeklappten, leicht plattierten Unterschenkel, der dann über die Füllung gerollt wird.

Die Morcheln werden in 1/8 Liter lauwarmem Wasser eingeweicht.

Zutaten

2 Poulardenkeulen
von je etwa 180 g
Salz, weißer Pfeffer
50 g Butter

Für die Füllung:
1/8 l Wasser
20 g getrocknete Morcheln
100 g Kalbfleischfarce
(Grundrezept Seite 147)
80 g gehackte Champignons

Zubereiten

Die Morcheln aus dem Einweichwasser nehmen und ausdrücken. Das Morchelwasser und etwa 4 Morcheln für die Sauce zurückbehalten. Die übrigen Morcheln hakken und mit den Champignons unter die Kalbfleischfarce mengen. Die Poulardenkeulen mit Salz und Pfeffer würzen und mit der Farce, wie oben beschrieben, füllen.

In einem Eisenbräter mit festschließendem Deckel Butter erhitzen und die Schalotten- und Champignonwürfel einstreuen. Die Poulardenkeulen darüberlegen. Die Gemüsewürfel sind nicht nur Aro-

Gefüllte Poulardenkeule in Morchelrahm mit Nudelomelett. Rezept Seite 31.

mageber, sondern sie verhindern auch das Anhängen der Poulardenhaut am Topfboden. Den Topf mit dem Deckel verschließen und 1/2 Stunde in den auf 200 Grad vorgeheizten Ofen geben. Danach die gegarten Poulardenkeulen herausnehmen und warmhalten.

Für die Morchelrahmsauce den Bräter auf den Herd zurückstellen und das Mehl anstäuben. Milch und Morcheleinweichwasser anschütten. Die Sauce aufkochen lassen. Danach im Mixer pürieren und zurück in den Topf geben. Die zurückbehaltenen Morcheln zerschneiden und zufügen, die Sahne einrühren und einige kalte Butterflöckchen einschwenken. Mit Salz und Piment würzen.

Für den Morchelrahm:
2 gewürfelte Schalotten,
2 EL gehackte Champignonstiele
1 TL Mehl
1/8 l Milch
4 EL süße Sahne
Salz, Piment
Einige Butterflocken

Anrichten

Die schräg in Scheiben geschnittenen Poulardenkeulen auf einer Platte anrichten und die Morchelrahmsauce dazureichen.

Hinweis

Ich serviere zu dieser Platte gern ein Nudelomelett, das ich für vier Personen wie folgt bereite: Eine Tasse voll gekochter, hausgemachter Nudeln wird in etwa 40 Gramm Butter am besten in einer Teflonpfanne geschwenkt. Vier Eier mit etwas Pfeffer und Salz verquirlen und über die Nudeln geben. Jetzt die Pfanne so lange schütteln, bis die Eier fest geworden sind. Dann halten Sie die Pfanne schräg von sich weg und falten das Omelett.

Waldmeistergelee

Zubereiten

Den gebündelten, frisch gepflückten Waldmeister mit den Blättern so in den Wein hängen, daß die Stiele nicht eintauchen. Nicht länger als 10–15 Minuten im Wein ziehen lassen, sonst schmeckt er anschließend grasig. Den aromatisierten Wein leicht süßen und die aufgelöste Gelatine hineinrühren.
Kurz vor dem Gelieren den Sekt hinzufügen und in Gläser verteilen. Im Kühlschrank erstarren lassen.

Zutaten

2 Bund Waldmeister
1/2 Flasche Moselwein
1 EL Zucker
10 Blatt Gelatine
1 Glas Sekt

Anrichten

Gut gekühlt servieren.

Getränkeempfehlung

Zum Schwartenmagen sollten Sie ein Pils reichen und zu den anderen Gängen einen 1981er Ayler Kupp Riesling Kabinett des Bischöflichen Konvikts Trier.

Kerbelsuppe

Vorbereiten

Die Zwiebeln kleinschneiden und die geschälten, mehlig kochenden Kartoffeln würfeln.

Zubereiten

In der Butter die Zwiebel- und Kartoffelwürfel anschwitzen, ohne daß sie Farbe annehmen. Mit kaltem Wasser und kalter Milch aufgießen, salzen und weichkochen. Anschließend im Mixer mit dem Sauerrahm mischen. Mit Muskatnuß und frischgemahlenem weißen Pfeffer würzen. Zurück auf den Herd stellen, aber nicht mehr kochen lassen. Erst kurz vor dem Anrichten den rohen, feingehackten Kerbel unterziehen. Bis die Suppe auf dem Tisch steht, hat sie der Kerbelgeschmack würzig durchzogen.

Zutaten

2 Zwiebeln
500 g Kartoffeln
60 g Butter
1/2 l Wasser
1/2 l Milch
4 EL Sauerrahm
Salz, Muskatnuß, weißer Pfeffer
80 g Kerbel

Geräuchertes Lachsforellenfilet auf Rahmspinat

Vorbereiten

Den Spinat waschen und entstielen, in kochendem Salzwasser blanchieren und ihn, damit er grün bleibt, in kaltem Wasser, dem man einige Eiswürfel zugesetzt hat, abschrecken. Auf einen Durchschlag geben, das Wasser gut ausdrücken und den blanchierten Spinat anschließend sehr fein hacken.

Zutaten

8 Scheiben von geräucherter Lachsforelle zu je 30 g
1 kg junger Spinat
Für die Béchamelsauce:
1 Schalotte
30 g Butter
30 g Mehl
1/8 l Milch
1/8 l süße Sahne
Salz, Muskatnuß

Zubereiten

Für die dickliche Béchamelsauce wird die feingehackte Schalotte in der Butter glasig gedünstet. Das Mehl hinzufügen und anschwitzen aber keine Farbe annehmen lassen. Die kalte Milch anschütten und die Sauce glattrühren. Jetzt die Sahne zugießen und unter Rühren die Sauce etwa 10 Minuten über gelinder Hitze aufkochen.

Kerbelsuppe

Anrichten

Mit Salz und geriebener Muskatnuß würzen. Zuletzt den fein gehackten Spinat unter die Béchamelsauce ziehen und abschmecken.

Pro Person auf einen Mittelteller 2–3 Eßlöffel Rahmspinat geben und je 2 Scheiben von der geräucherten Lachsforelle darüberlegen. Wenn der Teller aufgetragen ist, hat sich der Fisch erwärmt und das appetitliche Räucheraroma neu entfaltet.

Rheinzander Doria mit Kresse- und Löwenzahnsalat

Vorbereiten

Der Rheinzander wird geschuppt, ausgenommen, gewaschen und filetiert. Die Gräten in 1/4 Liter Wasser etwa 15 Minuten auskochen. Das ergibt eine leichte Fischbrühe, die zum Pochieren der Filets verwendet wird.

Die Schalotten feinhacken und eine feuerfeste Form mit der Butter ausstreichen.

Zubereiten

Die Schalottenwürfel in die ausgebutterte Form streuen. Darauf die Zanderfilets legen und diese mit einigen Spritzern Zitronensaft, Salz und frischgemahlenem weißen Pfeffer würzen. Die von den Gräten abgeseihte Fischbrühe und den Wein angießen. Damit die Filets gleichmäßig garen und die Flüssigkeit nicht zu schnell verdunstet, wird die Form mit gebuttertem Pergamentpapier abgedeckt. Auf dem Herd langsam zum Siedepunkt bringen und die Filets in etwa 8 Minuten garziehen lassen.

Zutaten

1 Rheinzander von 2 Pfund
1/4 l Wasser
2 Schalotten
10 g Butter
Etwas Zitronensaft, Salz
Weißer Pfeffer
1/8 l Fischbrühe
1/8 l Weißwein

Für die Garnitur:
1 Salatgurke
1 Bund Dill

Für die Sauce:
1/8 l Fischbrühe
1/8 l süße Sahne
Salz, weißer Pfeffer
Einige Butterflocken

Für den Kresse- und Löwenzahnsalat:
125 g Gartenkresse
2 TL Weinessig, 5 TL Öl,
1 Prise Zucker, Salz, Pfeffer
125 g junge Löwenzahnblätter
2 EL Sauerrahm
1 EL kross gebratene Rauchspeckwürfel

Die Gurke der Länge nach halbieren, die Kerne mit einem Löffel herauskratzen und die 4 Gurkenstreifen in 1 Millimeter dünne Scheiben schneiden, so daß man dreieckige Gurkenplättchen erhält. Den Dill waschen und die Spitzen von den Stengeln zupfen. Die Gurkenplättchen in Salzwasser, das mit den Dillstengeln aromatisiert wird, garen.

Die Filets aus dem Sud nehmen und mit den Gurkenplättchen schuppenförmig belegen und warm halten.

Für die Sauce wird die Fischbrühe durch ein Sieb gegossen und auf kleiner Flamme mit der Sahne zu einer dünnflüssigen Rahmsauce gerührt. Mit Salz und frischgemahlenem weißen Pfeffer abschmecken und einige kalte Butterflöckchen einschwenken. Zuletzt die abgezupften Dillspitzen daruntergeben.

Den Kressesalat, zu dem man Gartenkresse, die aromatischer als Kartonkresse ist, verwenden sollte,

Rheinzander Doria

mit etwa 3 Eßlöffeln einer leichten Vinaigrettesauce anmachen. Den Löwenzahnsalat aus zarten, selbstgesammelten Blättern oder gekauftem Bleichlöwenzahn mildert eine Sauce aus saurem Rahm, und 1 Eßlöffel kross gebratene Rauchspeckwürfel, die Sie über den bereits mit dem sauren Rahm vermischten Salat streuen, geben ihm zusätzlichen Pfiff.

Anrichten

Die garnierten Zanderfilets, die Dillrahmsauce und die beiden Salate werden getrennt gereicht. Servieren Sie als Beilage nur wenige Salzkartoffeln.

Hinweis

Rheinzander ist ein köstlicher Fisch, dessen zarter Geschmack nicht mit starken Würzzutaten überdeckt werden sollte. Nehmen Sie zum Pochieren keinen minderen Wein, sondern denselben, den Sie auch zu diesem Gericht trinken. Seien Sie vorsichtig beim Vorbereiten des Zanders. An seinen stacheligen Rückenflossen kann man sich unangenehm verletzen. Schneiden Sie diese am besten vor dem Schuppen des Fisches ab.

Rhabarbertörtchen mit Ingwerbaiser

Vorbereiten

Für den Mürbteig die angegebenen Zutaten rasch verkneten. Nicht zu viel bearbeiten und mindestens 2 Stunden kühl ruhen lassen. Den Rhabarber schälen, in 2 Zentimeter lange Stückchen schneiden und mit Zucker, Zimt und etwas Zitronensaft marinieren.

Zubereiten

Mit dem Mürbteig 8 Tortelettförmchen ausfüttern, mit den Haferflokken ausstreuen und den Rhabarberstückchen belegen. Im auf 200 Grad vorgeheizten Backofen ca. 20 Minuten backen. Inzwischen die beiden Eiweiß mit dem Zucker zu einer Baisermasse aufschlagen. Den Ingwer vorsichtig unterheben. Mit dem Spritzsack und einer bleistiftstarken Rundtülle ein Baisergitter auf die Törtchen spritzen und sie zurück in den Ofen geben, bis das Baiser leicht geflämmt ist. Warm servieren.

Zutaten

Für den Mürbteig:
125 g Mehl
60 g Butter
1 Eigelb, 1 EL Wasser
50 g feiner Streuzucker
1/2 Teelöffel Ingwerpulver,
eine Prise Salz

Für die Füllung:
750 g Rhabarber
125 g Zucker
1 Teelöffel Zimt
Etwas Zitronensaft
2 EL feine Haferflocken

Für die Baisermasse:
2 Eiweiß
100 g Zucker
1 EL gehackter, kandierter Ingwer

Hinweis

Sie werden bemerken, daß abweichend von den üblichen Menüregeln, die für die einzelnen Gänge eine Abwechslung in der Farbe vorschreiben, bei diesem Gründonnerstagsessen die grüne Farbe dominiert. Noch heute wird mancherorts der alte Brauch gepflegt, an diesem Tag nur grüne und, da Fastenzeit ist, nur fleischlose Speisen auf den Tisch zu bringen, wie Kräutersuppen, Spinat, Kressesalat und grüne Soßen. Mein Menüvorschlag entspricht bewußt dieser Tradition.

Weinempfehlung

Reichen Sie zu diesem Essen nur einen Wein. Meine Empfehlung ist ein 1979er Auggener Schäf Gutedel Kabinett, ein trockener Wein der Winzergenossenschaft Auggen im Markgräflerland.

Eier aus dem Morgenlande

Vorbereiten

Die Eier hartkochen, das heißt: 8-10 Minuten im siedenden Wasser. Sofort kalt abschrecken und schälen. Nach dem Abkühlen in der Friteuse braun backen.

Das Wurzelwerk im Mixer nicht zu fein zerkleinern.

Zutaten

8 Eier
1/4 l kräftige Hühnerbrühe
1/8 l Weißherbst
1/4 l Olivenöl
1 Karotte, 1 Knoblauchzehe,
1 Zwiebel, 1/2 Lauchstengel,
1/4 Sellerieknolle
1 gehäufter EL Stärkemehl
1 Prise Safran
1 Prise Cayennepfeffer
1 TL Salz
1 EL Traubenzucker

Zubereiten

Brühe, Wein und Öl zusammen aufkochen lassen. Das zerkleinerte Wurzelwerk hinzugeben und 20 Minuten sieden lassen. Das mit etwas Wasser angerührte Stärkemehl hinzufügen, mit Traubenzucker und den Gewürzen abschmecken. Die Flüssigkeit muß kräftig und scharf schmecken. Nach weiteren 5 Minuten Kochzeit über die Eier in ein Ton- oder Glasgefäß geben. Zudecken und kühl stellen.

Anrichten

Die Eier aus der halb gelierten Brühe nehmen. Längs vierteln und als Stern auf Salatblättern anrichten. Mit der gelierten Brühe überziehen und mit dünn geschnittenen, gebutterten Toastdreiecken umlegen.

Hinweis

Diese Eier sind eine Variation über das Thema Soleier. Sie halten sich mindestens 14 Tage. Der »morgenländische« Geschmack wird Sie genauso angenehm überraschen wie er meine Gäste verblüfft hat.

Froschschenkelauflauf

Vorbereiten

Das Hechtfleisch würfeln und kalt stellen, die Sahne ebenfalls kühlen. 4 Auflaufförmchen von 8 Zentimeter Durchmesser mit etwas Butter ausstreichen, die Sie vorher leicht erwärmen, um sie geschmeidig zu machen.

Zutaten

250 g Hechtfleisch
3/8 l süße Sahne
Salz, weißer Pfeffer
30 g Butter
2 Schalotten, 1/2 Knoblauchzehe
12 Froschschenkel
Etwas Butter zum Ausbuttern der
4 Förmchen

Zubereiten

Das gekühlte Hechtfleisch mit der Sahne im Mixer zu einer cremigen Farce durcharbeiten. Mit Salz und frischgemahlenem weißen Pfeffer würzen, durch ein Sieb streichen und kalt stellen.

In der Butter die kleingeschnittenen Schalotten und den Knoblauch andünsten, aber keine Farbe annehmen lassen. Der Knoblauch soll nicht hervorstechen, nur Charakter geben. Die Froschschenkel dazutun und etwa 4 Minuten unter ständigem Umwenden anbraten und salzen. Herausnehmen, abkühlen lassen und entbeinen.

In die ausgebutterten Auflaufförmchen eine Schicht Hechtfarce füllen. Darauf die entbeinten Froschschenkel verteilen und die restliche Hechtfarce bis etwa 1 Zentimeter unter dem Rand darüberstreichen.

Im auf 220 Grad vorgeheizten Ofen wird der Froschschenkelauflauf etwa 12 Minuten im Wasserbad pochiert. Er soll mehr stocken als aufgehen.

Anrichten

Der Froschschenkelauflauf wird naturell, also ohne jede Garnitur, zu Tisch gegeben.

Osterlammrücken mit gebackenen Pfefferminzblättern und Gemüsepalette

Vorbereiten

Den Lammrücken vom Knochen lösen und von allen Häuten und Sehnen befreien. Die Knochen zerkleinern.

Zubereiten

Für die Sauce werden die zerhackten Lammrückenknochen mit den Sehnen und Fleischabschnitten in Butterschmalz angeröstet. Das feinwürfelig geschnittene Wurzelwerk zufügen und mitrösten. Mit dem Rotwein ablöschen und mit dem Wasser auffüllen. Etwa 1/2 Stunde auf kleiner Flamme kochen lassen. Die Flüssigkeit abpassieren, auf 1/4 Liter einkochen und die Sauce mit Salz, frischgemahlenem schwarzen Pfeffer und etwas Rosmarin würzen.

Für die Gemüsepalette werden Karotten und Zuckerschoten getrennt in der Butter und nur wenig Wasser gedünstet. Die Karotten sollen weich sein, die Zuckerschoten Form und Farbe behalten. Nur mit Salz uind etwas weißem Pfeffer würzen. Schon Petersilie würde das zarte Aroma dieser Gemüseerstlinge übertönen.

Zutaten

1 Lammrücken 1200 g
40 g Butterschmalz
40 g Butter
1 Zwiebel, 1 Karotte,
1/8 Sellerieknolle
1/8 l Rotwein
1/2 l Wasser
Salz, schwarzer Pfeffer, etwas Rosmarin

Für die Gemüsebeilage:
300 g junge Karotten
300 g Zuckerschoten
40 g Butter
Salz, weißer Pfeffer
1 Handvoll frische Pfefferminzblätter

Den Lammrücken salzen und pfeffern. Auf dem Herd rundum in Butter bräunen. In den auf 200 Grad vorgeheizten Ofen geben und nur etwa 7-8 Minuten weiterbraten. Herausnehmen und vor dem Aufschneiden warmgestellt mindestens 10 Minuten ruhen lassen.

Inzwischen die abgezupften Pfefferminzblätter in der 180 Grad heißen Friteuse etwa 6 Sekunden backen. Sie sollen splittrig kross werden, aber grasgrün bleiben.

Anrichten

Auf eine vorgewärmte Platte etwas Sauce gießen. Den Lammrücken darüber anrichten, mit den knusprig fritierten Pfefferminzblättern reichlich bestreuen und mit den Zuckerschoten und Karotten fächerförmig umlegen. Nach Belieben dazu junge Maltakartöffelchen – schlicht als Salzkartoffeln gekocht – und den Rest der Sauce reichen.

Hinweis

Wenn Sie nur den Bratensaft als Sauce verwenden, dann kochen Sie aus den Lammknochen und Fleischabschnitten eine Lammbrühe. Nehmen Sie auf 1 1/2 Liter Brühe etwa 75 Gramm Perlgraupen, die Sie blanchieren und in der Brühe weichkochen. Fügen Sie gegen Ende der Kochzeit etwa 200 Gramm gedünstete Gemüsestreifen aus Karotten, Sellerie und Lauch sowie die gewürfelten Bratenreste hinzu. Diese Schottische Lammsuppe kann ruhig etwas dick ausfallen.

Nougat-Halbgefrorenes auf Mandelsulz

Vorbereiten

Die Mandeln brühen und schälen.

Zubereiten

Für die Mandelsulz die geschälten Mandeln im Mixer mit dem kalten Wasser zerkleinern. Durch ein Seihtuch die Mandelmilch abseihen. Die Mandeln fest ausdrücken und trocknen. Die Milch mit dem Zucker und der Mandelmilch aufkochen und die in etwas kaltem Wasser aufgelöste Gelatine unter Rühren zugeben. Mit dem Rosenwasser parfümieren. In Dessertschälchen geben und erstarren lassen.

Für das Halbgefrorene die Nougatmasse im Wasserbad schmelzen. Die Eier mit dem Zucker im Wasserbad cremig schlagen, die geschmolzene Nougatmasse unterziehen und kaltrühren (siehe Grundrezept Vanille-Halbgefrorenes Seite 149). Zuletzt die geschlagene Sahne darunterheben, in eine Form füllen und im Tiefkühlfach durchfrieren lassen.

Für den Krokant lassen Sie den Zucker in einer Kasserolle schmelzen. Die ausgedrückten, zerkleinerten Mandeln dazugeben. Sobald die Masse hell karamelisiert ist, schnell auf ein leicht geöltes Backblech oder eine Marmorplatte streichen und erkalten lassen. Mit einer Teigrolle zerkleinern.

Zutaten

<u>Für die Mandelsulz:</u>
250 g süße, 2 bittere Mandeln
1/4 l Wasser
100 g Zucker
1/2 l Milch
5-6 Blatt Gelatine
1 EL Rosenwasser

<u>Für das Nougat-Halbgefrorene:</u>
200 g Nougatmasse
Parfaitmasse aus 4 Eiern,
60 g Zucker, 1/2 l Sahne

<u>Für den Krokant:</u>
200 g Zucker und die
ausgedrückten Mandeln

Anrichten

Einen Eßlöffel in heißes Wasser tauchen und vom Nougathalbgefrorenen Eier abstechen. Diese werden mit Krokant bestreut und auf der Mandelsulz angerichtet.

Hinweis

Der restliche Krokant hält sich längere Zeit in einem Schraubglas. Verwenden Sie ihn für Krokanteis oder zum Bestreuen von Tortenrändern. Sie werden noch Halbgefrorenes für ein weiteres Dessert übrigbehalten, aber eine Parfaitmasse bekommt die richtige Konsistenz erst bei einer Mindestmenge von Zutaten – wie ein Braten erst ab einer bestimmten Größe saftig bleibt.

Die Mandelsulz oder das Blancmanger ist in etwa anderer Form bereits in Kochbüchern der Renaissance beschrieben worden. Es ist zu Unrecht in Vergessenheit geraten.

Weinempfehlung

Zum Froschschenkelauflauf empfehle ich Ihnen einen trockenen Ortenberger Schloßberg Riesling aus dem Weinbauversuchsgut des Ortenaukreises, Ortenberg in Baden. Zum Osterlammrücken reichen Sie einen Spätburgunder, etwa einen 1977er Käfersberger Andreasberg Spätburgunder Spätlese des St. Andreas Hospital Fond, Weingut der Stadt Offenburg, Ortenberg/Baden.

Rehrückenpastete

Vorbereiten

Die Rehfleischwürfel mit Majoran und Madeira marinieren und zugedeckt mindestens 12 Stunden kühl stellen.

Eine Terrine von 25 Zentimeter Länge erst mit Alufolie, danach mit Klarsichtfolie so auskleiden, daß beide Folien die Ränder der Terrine überlappen, damit man sie anschließend über die Füllung klappen kann.

Zutaten

100 g Rehfleischwürfel
1 TL Majoran
3 EL Madeira
400 g Rehfilet
Wildgewürzsalz
(Grundrezept Seite 149)
80 g Butter
100 g gewürfelte Kalbsleber
Salz, weißer Pfeffer
50 g Haselnußkerne
10 g Wacholderbeeren
750 g Kalbfleischfarce
(Grundrezept Seite 147)

Zubereiten

Das Rehfilet von Haut und Sehnen befreien und auf Terrinenlänge zurechtschneiden. Mit Wildgewürzsalz einreiben und in heißer Butter von allen Seiten kurz anbraten. Aus der Pfanne nehmen und abkühlen lassen. Danach in der selben Pfanne die marinierten und mit Wildgewürzsalz bestreuten Rehfleischwürfel ebenfalls kurz anbraten. Zuletzt die Kalbsleberwürfel etwa 1 Minute sautieren und anschließend salzen und pfeffern.

Die angebratenen Rehfleisch- und Kalbsleberwürfel, die Haselnußkerne und Wacholderbeeren werden nun mit der Kalbfleischfarce vermengt. Mit dieser Mischung Boden und Seiten der Terrine etwa 2 Zentimeter hoch ausstreichen. Darauf den angebratenen Rehfiletstrang legen und mit der restlichen Farce bedecken. Mit den Folien verschließen. Im Wasserbad in dem auf 90 Grad vorgeheizten Ofen etwa 1 1/4 Stunde pochieren. Herausnehmen und beschwert auskühlen lassen. Vor dem Anschneiden mindestens einen Tag ruhen lassen.

Anrichten

In 1 Zentimeter dicke Scheiben schneiden und auf Mitteltellern servieren.

Hinweis

Zu der Rehrückenpastete können Sie gewürfeltes Madeiragelee (Grundrezept Seite 147) oder einen Apfelsalat mit gehackten Senffrüchten (siehe Rezept Seite 132) reichen.

Bei der angegebenen Menge der Zutaten ergeben sich natürlich mehr als 4 Portionen. Doch kühl aufbewahrt hält sich die Pastete mehrere Tage. In dieser Zeit wird sie sicher ihre Liebhaber finden.

Spargelspitzen Königin Christine

Zubereiten

Eine Holländische Sauce nach dem Grundrezept bereiten. Die Spargelspitzen in Salzwasser etwa 8 Minuten kochen. Sie sollen gar, aber noch

Zutaten

1/4 l Holländische Sauce
(Grundrezept Seite 148)

Hasenfiletpastete, Rehrückenpastete, Fasanenpastete, Aalpastete.
Rezepte Seite 132, 42, 83, 136.

fest sein. Die gekochten Möveneier längs halbieren und aus den Schalen lösen, ohne diese zu beschädigen.

16 Spargelspitzen etwa 10 cm lang
8 gekochte Möveneier
8 Scheiben Räucherlachs
Einige Salatblätter zum Garnieren

Anrichten

In die Mitte einer ovalen Platte die Spargelspitzen anrichten und mit etwas Holländischer Sauce überziehen. Mit Salatblättern umlegen, auf die man auf die eine Seite frisch aufgeschnittene Lachsscheiben und auf die andere Seite die halbierten Möveneier abwechselnd mit ihren umgedrehten Schalen setzt. Die restliche Sauce getrennt dazu reichen.

Kalbslende Stephanie mit Kartoffelauflaufrand und feinen Erbsen

Zubereiten

Die Kalbslendchen mit Salz und frischgemahlenem weißen Pfeffer würzen. Nur auf einer Seite in heißer Butter etwa 4 Minuten anbraten und abkühlen lassen.

Die Kalbfleischfarce auf die 4 Speckstreifen streichen und damit die Kalbslendchen umrollen. Die Blätterteigstreifen mit dem verquirlten Ei bepinseln und so um die Kalbslendchen legen, daß sie 1 Zentimeter über die gebratene Seite hinausragen. Mit dem restlichen Ei die Außenseite des Teigs bestreichen. Die umwickelten Kalbslendchen mit der ungebratenen Seite nach unten in eine leicht gebutterte feuerfeste Form legen und in den auf 220 Grad vorgeheizten Ofen geben. Nach 15 Minuten ist das Fleisch gar und der Blätterteig gebacken.

Für die Kartoffelauflaufränder werden die Kartoffeln in Salzwasser gegart, abgegossen, abgedämpft und noch heiß durch die Kartoffelpresse getrieben (nicht im Mixer pürieren). Mit Butter und Eigelb abrühren, mit Salz und geriebenem Muskat würzen und mit dem Brandteig vermengen. Mit Spritzsack und Sterntülle pro Person 2 Ringe der Kartoffelmasse auf ein gefettetes Pergamentpapier spritzen. Das Papier vorsichtig umdrehen und die Ringe in die Fritüre gleiten lassen. Von beiden Seiten goldbraun ausbacken, herausnehmen und auf Küchenpapier entfetten.

Für die Erbsenfüllung werden die feingehackten Schalotten in der Butter angeschwitzt. Die Erbsen zufügen, etwas Wasser angießen und die Erbsen weichdünsten. Mit Salz und 1 Prise Zucker würzen.

Zutaten

4 Scheiben Kalbsfilet je 3 cm dick und je 80 g schwer
Salz, weißer Pfeffer
40 g Butter
200 g Kalbfleischfarce (Grundrezept Seite 147)
4 dünne Streifen ungesalzener, frischer Speck je 3 cm breit, 20 cm lang
4 Streifen Blätterteig je 4 cm breit, 20 cm lang
1 verquirltes Ei

Für die Kartoffelauflaufränder:
400 g mehlig kochende Kartoffeln
50 g Butter
2 Eigelbe
Salz, Muskatnuß
200 g Brandteig (Grundrezept Seite 148)
Pflanzliches Plattenfett zum Fritieren

Für die Erbsenfüllung:
2 Schalotten
30 g Butter
400 g junge Erbsen
Salz, 1 Prise Zucker
1/4 l Béarner Sauce (Grundrezept Seite 148)

Anrichten

Auf die Kalbslendchen so viel Béarner Sauce gießen, daß der überstehende Blätterteigrand gefüllt ist. Je 2 Kartoffelauflaufrändchen auf Teller geben und mit den Erbsen füllen.

Kalbslende Stephanie

Erdbeercharlotte

Vorbereiten

Eine zylindrische Form von 1 Liter Inhalt buttern und mit grobem Zucker ausstreuen. Die Wände mit den Löffelbiskuits auskleiden. 200 Gramm der Erdbeeren vierteln, mit dem Grand Marnier marinieren und kaltstellen.

Zubereiten

Die restlichen Erdbeeren im Mixer mit dem Zucker und dem Zitronensaft pürieren. Die Gelatine in etwas kaltem Wasser einweichen, ausdrücken, im erhitzten Rotwein auflösen und mit dem Erdbeerpüree vermengen. Die übriggebliebenen Biskuits zerbröseln, mit den marinierten Erdbeeren vermengen und ebenfalls unter das Püree ziehen.

Zutaten

10 g Butter, etwas grober Zucker
125 g Löffelbiskuits
(etwa 24 Stück)
500 g Erdbeeren
1 Likörglas Grand Marnier
150 g Zucker
Saft von 1/2 Zitrone
4-5 Blatt Gelatine
1/8 l Rotwein
3/8 l Schlagsahne
1 EL Zucker
Einige Spritzer Grand Marnier

Zuletzt die geschlagene, gezuckerte und mit einigen Spritzern Grand Marnier parfümierte Sahne unterheben. In die Form füllen und im Kühlschrank erstarren lassen.

Anrichten

Die Charlotte vorsichtig auf eine runde Platte stürzen. Als Deckel Schlagsahne auf die Charlotte streichen und mit schönen Erdbeerhälften ausgarnieren.

Weinempfehlung

Zu der Rehrückenpastete und zu den Spargelspitzen empfehle ich einen 1979er Durbacher Schloßberg Weißherbst Kabinett aus dem Gräflich Wolff Metternich'schen Weingut in Durbach/Baden und zu der Kalbslende einen 1979er Oberkircher-Renchtäler Traminer Kabinett der Winzergenossenschaft Oberkirch.

Tatarkeilchen mit Kaviar und Austern

Vorbereiten

Erst kurz vor dem Anrichten die Austern mit dem kurzen, kräftigen Austernmesser öffnen. Dazu stößt man am Scharnier zwischen die beiden Schalen und durchtrennt den Muskelstrang.

Die Schalotte von Hand fein reiben. Die Weißbrotscheiben entrinden, buttern und diagonal in Dreiecke schneiden.

Zutaten
(für 24 Stück)

24 Austern
1 Schalotte
12 dünne Scheiben Kastenweißbrot
125 g Butter
600 g Tatar
2 EL Wasser
2 Eigelbe
Salz, Pfeffer, Muskatnuß
1 Glas Kaviar zu 56 g

Zubereiten

Das Tatar mit kaltem Wasser (nicht mit Öl) geschmeidig rühren und mit Eigelb, geriebener Schalotte, Salz, Pfeffer und einer Prise Muskat anmachen (Muskat hebt den Fleischgeschmack). Damit die Weißbrotdreiecke bestreichen.

Auf die eine Spitze der Tatarkeilchen eine entbartete Auster legen und auf die entgegengesetzte Spitze etwas Kaviar geben.

Krebse auf Pumpernickel mit Meerrettichbutter

Vorbereiten

Aus dünngeschnittenem Pumpernickel werden 32 runde Scheiben von je 5 Zentimeter Durchmesser ausgestochen. Die Krebsschwänze halbieren. Den Dill waschen und die Blättchen von den Stengeln zupfen.

Zutaten

32 Pumpernickelscheiben
32 Krebsschwänze
1 Bund Dill
150 g Butter
2 EL frischgeriebener Meerrettich
1 Prise Zucker
1 Prise Salz
Etwas Zitronensaft

Zubereiten

Die Butter schaumig rühren und mit Meerrettich, Zucker, Salz und Zitronensaft vermischen. Die Pumpernickelscheiben mit der Meerrettichbutter nicht zu dünn bestreichen. Je 2 Krebsschwanzhälften auf eine Pumpernickelscheibe legen und mit einem Dillblättchen garnieren.

Roastbeefröllchen mit Senffrüchten

Zubereiten

Die Sahne schlagen und den ausgekühlten, aber noch flüssigen Aspik unterziehen. Die gehackten Senffrüchte unterheben. Mit dem Spritzbeutel und einer großen Lochtülle je einen Streifen der Sahnemischung quer auf die Roastbeefscheiben spritzen und diese aufrollen. Je eine Sahnerosette auf die Roastbeefröllchen setzen und diese mit noch flüssigem Aspik überglänzen. Sie können den Aspik nach Belieben mit etwas Portwein aromatisieren.

Zutaten

(für 24 Stück)

1/2 l süße Sahne
4 EL Aspik
(Grundrezept Seite 147)
4 EL gehackte Senffrüchte
24 Scheiben Roastbeef
Aspik zum Überglänzen

Käsewindbeutel

Zubereiten

Einen Brandteig nach dem Grundrezept bereiten und mit dem Spritzbeutel kirschgroße Windbeutel auf ein gefettetes Blech spritzen. Bei 200 Grad etwa 20 Minuten backen.

Den Gervais durch ein Sieb streichen und mit der schaumig gerührten Butter vermischen. Zuletzt die Bitterorangenmarmelade von Hand, nicht mit der Maschine, unterziehen.

Von den erkalteten Windbeutelchen das obere Drittel abschneiden. Mit dem Spritzsack etwas Käsemasse aufspritzen und den Deckel wieder aufsetzen, den man mit etwas Orangenmarmelade abglänzen kann.

Zutaten

(für 32 Stück)

Brandteig (Grundrezept Seite 148)

Für die Füllung:
200 g Gervais
80 g Butter
4 EL Bitterorangenmarmelade

Anrichten

Placieren Sie die Tatarkeilchen, die auf Pumpernickel gelegten Krebse, die Roastbeefröllchen und die Käsewindbeutel getrennt auf große Silberplatten.

Getränkeempfehlung

Reichen Sie für die Damen einen lieblichen Sekt und für die Herren einen trockenen Jahrgangssekt.

Menüs im Sommer

Erstes Sommermenü

Parfait von Nordseekrabben
Geeiste Hühnerkraftbrühe
Kalbsrückenbraten mit Kalbsnieren
und Schwetzinger Gemüseallerlei
Beeren in Kirschwassergelee

Zweites Sommermenü

Omelett mit Lammnieren
Champignoncremesuppe
Blaufelchenfilets auf Lauchstangen
mit Suprême-Sauce
Erdbeeren Melba

Drittes Sommermenü

Cantaloupemelone mit
Pimentstaubrand
Gurkenkaltschale
Kalbsfilet mit Poulardenleber und
Kohlrabistreifen
Pfirsiche in Weinschaumsauce

Viertes Sommermenü

Sommerlicher Salatteller
Forellensuppe
Lammschulter in Kapernsauce
Kirschenplotzer

Hochzeitsessen

Schwarzwälder Forellentorte
Badische Hochzeitssuppe
Tomatenhalbgefrorenes
Perlhuhnbrust in Trüffelsauce
Schaumomelett mit
Himbeerhalbgefrorenem

Mitternachtssouper

Austern mit Pumpernickelstreifen
Gänseleber in Madeiragelee
Lendenschnitten mit
Artischockenböden
Sektsorbet

Herrenessen

Gelierte Krebssuppe
Nordseeflügelrochen im Lauchsud
Hochrippe vom Holsteiner
Mastrind mit Rindermarkpudding
Kirschwasserbömble

Picknick

Allgäuer Käsetörtchen
Gefüllte Wachteln in der Folie
Geflügelsalat
Schweinskotelettchen

Parfait von Nordseekrabben mit Melissenjoghurt

Vorbereiten

Eine Terrine von 25 Zentimeter Länge wird zuerst mit Alufolie, danach mit Klarsichtfolie so ausgekleidet, daß beide Folien die Ränder der Terrine überlappen, damit man sie anschließend über die Füllung klappen kann.

Zutaten

300 g Hechtfilet
Salz, weißer Pfeffer
1/4 l süße Sahne
4 EL frischer Estragon
500 g geschälte Nordseekrabben

Für den Melissenjoghurt:
1/4 l Sahnejoghurt
1 EL frische Zitronenmelisse
1 TL Zitronensaft
Salz, Zucker

Zubereiten

Das Hechtfleisch mit Salz und Pfeffer würzen. Mit der gekühlten Sahne im Mixer pürieren und anschließend durch ein Sieb streichen. Danach die Hechtfarce teilen und 200 Gramm mit dem feingehackten Estragon vermischen. Unter die restliche Farce werden die Krabben gemischt. Die Terrine mit der Hälfte der Estragonfarce ausstreichen und darüber die Krabbenfarce streichen. Mit der restlichen Estragonfarce bedecken und mit den Folien verschließen. Im vorgeheizten Ofen bei 200 Grad etwa 45 Minuten im Wasserbad pochieren. Danach beschweren und im Kühlschrank einen Tag ruhen lassen.

Für die Sauce wird der Sahnejoghurt mit der feingehackten Zitronenmelisse, dem Zitronensaft, einer Prise Salz und einer Prise Zucker gewürzt.

Anrichten

Schneiden Sie das Krabbenparfait mit einem Elektromesser oder einer Aufschnittmaschine, damit Sie gefällige, glatte Scheiben bekommen. Geben Sie pro Person 2 Scheiben auf einen Teller und garnieren Sie die Portionen mit kleinen Melissenblättern. Reichen Sie den Melissenjoghurt sowie Toast und Butter gesondert dazu.

Geeiste Hühnerkraftbrühe mit Geflügelbruststreifen

Vorbereiten

Die Hühnerkraftbrühe klären und entfetten.

Den Lauch in feine Streifen schneiden und die Kardamomkapseln im Mörser zerstoßen.

Zutaten

1 l Hühnerkraftbrühe
(Grundrezept Seite 146)
1/2 Lauchstange (nur das Weiße)

Zubereiten

Ein flaches, feuerfestes Geschirr buttern und mit den Lauchstreifen ausstreuen. Die Hühnerbrust salzen und auf die Lauchstreifen legen. Kardamom und einige Estragonblättchen zufügen, das Wasser angießen und alles mit einem gebutterten Pergamentpapier bedecken. Im auf 200 Grad vorgeheizten Ofen etwa 8 Minuten pochieren. Das Fleisch anschließend in der Pochierflüssigkeit erkalten lassen. Herausnehmen und in feine Streifen

3-4 Kardamomkapseln
1 Bund frischer Estragon
20 g Butter
120 g Hühnerbrust
Salz
1/8 l Wasser

schneiden. In die Suppentassen verteilen und die leicht gelierende Brühe darübergeben. Kühl stellen.

Anrichten

Mit etwas feingehacktem Estragon bestreuen und auftragen.

Hinweis

Machen Sie sich die Mühe und pochieren Sie das Fleisch. Es ist dann viel saftiger und aromatischer als die üblichen ausgekochten Hühnerfleischwürfel. Und nehmen Sie für die Pochierflüssigkeit Lauch; er unterstützt den Geschmack, während die Zwiebel hervorsticht.

Kalbsrückenbraten mit Kalbsnieren und Schwetzinger Gemüseallerlei

Zubereiten

Damit das Fleisch saftig bleibt, die Haut nicht ablösen. Den Kalbsrükken mit Salz und frischgemahlenem weißen Pfeffer würzen. Das Butterschmalz in einem Eisenbräter erhitzen und darin den Kalbsrücken von allen Seiten kurz anbraten. Die zerkleinerten Knochen und die Speckschwarte zufügen und in den auf 220 Grad vorgeheizten Ofen geben. Den Kalbsrücken öfter mit dem Bratenfett begießen, damit er schön bräunt.

Nach etwa 20 Minuten Bratzeit die Hitze auf 180 Grad reduzieren. Zwiebelwürfel und Lauchstreifen

Zutaten

800 g ausgelöster Kalbsrücken
Salz, weißer Pfeffer
60 g Butterschmalz
Zerkleinerte Kalbsrückenknochen
Etwas Rauchspeckschwarte
1 EL Zwiebelwürfel
1 EL Lauchstreifen
1 EL Karottenwürfel
1 EL Selleriewürfel
1 kleines Glas Sherry
1/2 l Wasser
Einige Butterflöckchen
1 Kalbsniere
3 EL Traubenkernöl

sowie Karotten- und Selleriewürfel zufügen. Nach insgesamt 40-45 Minuten Bratzeit den Kalbsrücken herausnehmen, fest in Alufolie hüllen und warm stellen.

Den Eisenbräter auf den Herd geben. Das Bratfett vorsichtig abschöpfen. Den Bratensatz mit Sherry ablöschen und mit einem Kochlöffel das gebräunte Röstgemüse vom Topfboden loslösen. Mit etwa 1/2 Liter kaltem Wasser aufgießen und auf 1/4 Liter einkochen. Anschließend die Sauce durch ein Sieb passieren und mit Salz und Pfeffer abschmecken. Abseits vom

Birnen nach Schloßherrin-Art. Rezept Seite 108.

Beeren in Kirschwassergelee. Rezept Seite 54.

Feuer noch einige kalte Butterflöckchen zur Bindung einschwenken. Die Sauce warm halten.

Die Niere von Fett und Haut befreien und den weißen Mittelstrang von der Unterseite her entfernen. In 8 Scheiben schneiden, salzen, pfeffern und in heißem Öl kurz anrösten.

Für das Gemüseallerlei den Spargel schälen und in 5 Zentimeter lange Abschnitte teilen. Spargel, Karotten und Erbsen getrennt in Salzwasser garen. Die kleinen Kartoffeln als Pellkartoffeln kochen, pellen und in Butter schwenken.

Für das Gemüseallerlei:
500 g Spargel
200 g Karotten
200 g Erbsen
12 kleine Maltakartoffeln oder Pfälzer Erstlinge
40 g Butter
1/8 l Holländische Sauce
(Grundrezept Seite 148)

Anrichten

Auf eine vorgewärmte Platte einen Spiegel von Bratensauce gießen. Den in 8 Scheiben geschnittenen Kalbsbraten daraufsetzen und zwischen die Bratenscheiben je 1 geröstete Nierenscheibe placieren.

Das Gemüse vermischen und mit der Holländischen Sauce überziehen. Die in Butter geschwenkten Kartoffeln sowie die restliche Bratensauce getrennt dazu reichen.

Hinweis

Das langwierige Kochen von Kalbsbrühe, die man im allgemeinen zur Zubereitung der Sauce nimmt, können Sie umgehen, wenn Sie Kalbsrückenknochen und Röstgemüsewürfel beim Braten zufügen. Dann können Sie mit kaltem Wasser aufgießen. Das hat den Vorteil, daß der Geschmack der fertigen Sauce sehr viel klarer ist. Brühen haben meistens einen starken Eigengeschmack, den sie an die Sauce weitergeben. Diese schmeckt dann mehr nach eingekochter Brühe als nach dem Braten, zu dem sie gehört.

Beeren in Kirschwassergelee

Vorbereiten

Die Beeren waschen und entstielen.

Zubereiten

Das Wasser mit dem Zucker aufkochen. Die Gelatine in etwas kaltem Wasser einweichen und in der heißen Zuckerlösung unter Rühren auflösen. Das abgekühlte, aber noch flüssige Gelee mit Kirschwasser und einigen Spritzern Zitronensaft aromatisieren. Etwas von dem gerade stockenden Gelee in Sektschalen gießen, die Beeren darauf verteilen und den Rest des Gelees darübergießen. Im Kühlschrank erstarren lassen.

Zutaten

80 g Walderdbeeren
80 g Himbeeren
80 g weiße und rote Johannisbeeren
1/2 l Wasser
125 g Zucker
8 Blatt Gelatine
1 Likörglas Kirschwasser
Etwas Zitronensaft

Anrichten

Sie sollten dieses Früchtegelee als leichtes Dessert ohne Sahne servieren.

Weinempfehlung

Reichen Sie zum Kalbsrückenbraten einen 1981er Wachenheimer Gerümpel Riesling Kabinett vom Weingut Dr. Bürklin-Wolf, Wachenheim an der Weinstraße.

Omelett mit Lammnieren

Vorbereiten

Die Milchlammnieren werden in der Mitte so eingeschnitten, daß sie in zwei Hälften auseinandergeklappt werden können. Die weißen Mittelstränge herausschneiden. Die Schalotten sehr fein würfeln.

Zutaten

8 Milchlammnieren
2 Schalotten
Salz, Pfeffer
2 Stengel frischer Thymian
2 EL Traubenkernöl
1 kleines Glas Portwein

Für das Omelett:
6 Eier
Salz, Pfeffer
2 EL süße Sahne
30 g Butter

Zubereiten

Einige Minuten vor dem Braten werden die Nieren leicht gesalzen, gepfeffert und mit den abgezupften Thymianblättchen bestreut. Die Nieren sollen vom Kräuteraroma leicht durchzogen sein, bevor sie im heißen Traubenkernöl scharf gebraten werden. Die Schalottenwürfel zufügen, angehen lassen und mit etwas Portwein ablöschen. Vom Herd nehmen und warm halten.

Für das Omelett werden die Eier mit Salz und Pfeffer gewürzt und mit der Sahne verrührt. Butter in die Omelettpfanne geben und gelb, aber nicht dunkel werden lassen, damit sie einen nußartigen Geschmack bekommt. Die Eiermasse hineingeben und mit dem Rücken einer Gabel vorsichtig rühren. Gleichzeitig mit der linken Hand die Pfanne leicht schütteln. So erreicht man, daß die Eiermasse gleichmäßig stockt und nicht am Boden anhängt. Nach dem Stocken der Masse einige Sekunden warten, dann die Pfanne leicht schräg von sich weg halten und das Omelett mit Hilfe der Gabel falten. Es liegt nun halbmondförmig in der Pfanne. Mit etwas Butter die Oberfläche überglänzen und das Omelett auf eine angewärmte Platte gleiten lassen. Der ganze Vorgang darf nur 2 Minuten dauern.

Anrichten

Die Lammnieren längs neben das Omelett setzen und sofort auftragen. Erst am Tisch in Portionen teilen.

Hinweis

Zum Bereiten eines perfekten Omeletts ist eine gute Pfanne erforderlich – mit schwerem Boden und einem gerundeten Übergang zwischen Boden und Rand. Vor allem aber muß die Bodenoberfläche absolut glatt sein. Der professionelle Koch benutzt eine Eisenpfanne, die ausschließlich für diesen Zweck verwendet wird. Diese soll nie gescheuert, sondern nur ausgewischt und eingefettet werden. Im Haushalt kann man eine Teflonpfanne benutzen. Dann sollte man darauf achten, daß die Pfanne nie überhitzt wird.

Die Fachleute streiten, ob ein Omelett gebräunt oder nicht gebräunt sein sollte. Ich ziehe eine helle Farbe vor; sie garantiert, daß das Innere des Omeletts noch saftig ist – »baveuse«, wie der Franzose so treffend sagt.

Champignoncremesuppe

Vorbereiten

Die Champignons – sie müssen weiß, fest und sehr frisch sein – putzen und ihre Stiele abdrehen. Die Schalotte und die Stiele werden feingehackt. Die Champignonköpfe in dünne Scheiben schneiden und mit dem Zitronensaft beträufeln, damit sie weiß bleiben.

Zubereiten

Schalotte und Champignonstiele in der Butter weichdünsten. Mit der Brühe und der Milch auffüllen. Unter Rühren aufkochen. Vom Herd nehmen und im Mixer pürieren. Die Eidotter mit der Sahne verrühren und damit das Püree auf niedrigster Geschwindigkeitsstufe des Mixers legieren. Mit Salz und Pfeffer würzen.

Zurück auf den Herd geben und die in Scheiben geschnittenen Champignonköpfe zufügen. Nicht mehr kochen, sondern zugedeckt auf kleinster Flamme noch mindestens 20 Minuten ziehen lassen, damit sich das Pilzaroma voll entfalten kann.

Zutaten

250 g Champignons
1 Schalotte
Saft einer halben Zitrone
50 g Butter
3/4 l Hühnerbrühe
(Grundrezept Seite 146)
1/2 l Milch
3 Eigelb
3 EL süße Sahne
Salz, weißer Pfeffer
1 EL gehackte Petersilie

Anrichten

Mit gehackter Petersilie bestreut servieren. Wenn Sie den cremigen Charakter der Suppe noch unterstreichen wollen, geben Sie auf jeden Teller einen Tupfer geschlagene Sahne.

Blaufelchenfilets auf Lauchstangen mit Suprême-Sauce

Vorbereiten

Die Felchen filieren. Gräten und Köpfe in nur wenig Butter anschwitzen. Schalottenwürfel und Petersilienstengel zufügen. Mit einem knappen halben Liter Wasser auffüllen und 20 Minuten auf kleiner Flamme kochen lassen. Danach die Fischbrühe abpassieren und etwa 1/4 Liter für die Sauce bereithalten. Den jungen Lauch in 15 Zentimeter lange Stücke schneiden; die grünen Spitzen nicht mitverwenden.

Zutaten

4 Blaufelchen zu je 250 g
10 g Butter
1 EL Schalottenwürfel
Einige Petersilienstengel
1/2 l Wasser
16 dünne Lauchstangen
Salz, einige Spritzer Zitronensaft
2 EL Mehl
40 g Butter

Zubereiten

Die Lauchstangen in Salzwasser etwa 3 Minuten blanchieren; die kurze Zeit genügt, da sie höchstens 1 Zentimeter dick sind. Die mit Salz und einigen Spritzern Zitronensaft gewürzten Felchenfilets in Mehl wenden und in Butter anbraten. Herausnehmen und warmhalten.

Für die Suprême-Sauce die Butter über gelinder Hitze zerlaufen lassen. Das Mehl hineinrühren und eine helle Mehlschwitze bereiten. Mit der abgekühlten Fischbrühe aufgießen und unter ständigem Rühren zum Kochen bringen. Auf kleiner Flamme 20 Minuten kochen lassen. Mit Salz und etwas abgeriebener Zitronenschale (ohne das bittere Weiße) würzen. Die Eidotter mit der Sahne verrühren und damit die Sauce abseits vom Feuer binden.

Für die Suprême-Sauce:
25 g Butter
25 g Mehl
1/4 l Fischbrühe
Salz, etwas abgeriebene Zitronenschale
2 Eigelb
1/8 l Sahne

Anrichten

In eine feuerfeste Form auf jeweils 4 Lauchstangen 2 gebratene Felchenfilets legen. Mit der Sauce überziehen und unter dem heißen Grill überbacken. Reichen Sie dazu schlichte Salzkartoffeln oder nur einige Blätterteighalbmonde.

Erdbeeren Melba

Zubereiten

Die Himbeeren pürieren und durch ein Sieb streichen. Anschließend wird das Püree mit Puderzucker und Zitronensaft verrührt. Die Erdbeeren waschen, die Stiele abzupfen und die Früchte vierteln. Das Halbgefrorene auf Dessertteller verteilen. Die Erdbeeren darüber anrichten und mit der Himbeersauce überziehen.

Zutaten

300 g Himbeeren
80 g Puderzucker
Saft einer halben Zitrone
400 g Erdbeeren
4 Portionen Vanillehalbgefrorenes
(Grundrezept Seite 149)

Weinempfehlung

Zum Omelett empfehle ich einen 1981er Zeller Abtsberg Klingelberger Kabinett trocken der Winzergenossenschaft Zell-Weierbach und zu den Felchen einen 1981er Meersburger Chorherrenhalde Weißherbst vom Staatsweingut Meersburg am Bodensee.

Cantaloupemelone mit Pimentstaubrand und gehacktem Schinken

Vorbereiten

Die Melonen kühlen. Den Schinken feinhacken.

Zubereiten

Die Melonen mit einem Zackenrand in der Mitte auseinanderschneiden. Die Hälften vorsichtig voneinander abheben und die Kerne entfernen. Mit dem gehackten Schinken füllen und den Zackenrand mit frischgemahlenem Piment bestäuben.

Zutaten

2 kleine Cantaloupemelonen
250 g Schwarzwälder Schinken
Piment

Anrichten

Statt Messer und Gabel nur einen Löffel zu den Melonen legen. Melonenfleisch und gehackten Schinken kann man, den köstlichen Saft der Cantaloupemelonen muß man auslöffeln.

Hinweis

Piment oder Nelkenpfeffer wird leider vernachlässigt oder höchstens in Gewürzmischungen verwendet. Man kann ihn vielfach statt Pfeffer nehmen, den er zwar nicht an Schärfe, aber an Aroma weit übertrifft.

Gurkenkaltschale

Vorbereiten

Die Gurke waschen und ungeschält in 1/2 Zentimeter große Würfel schneiden. Die Äpfel schälen, vierteln und die Kerngehäuse entfernen. Den Dill waschen und die Dillblättchen von den Stengeln zupfen.

Zutaten

1 Schlangengurke von etwa 800 g
2 Klaräpfel
1 Bund Dill
1/8 l Wasser
Salz
1/4 l Sahnejoghurt
1 l Buttermilch

Zubereiten

Die Hälfte der Gurkenwürfel mit den Dillstengeln in 1/8 Liter leicht gesalzenem Wasser weichkochen. Anschließend die Dillstengel entfernen und die Gurkenwürfel in der Kochbrühe erkalten lassen. Die restlichen Gurkenwürfel zusammen mit den Apfelvierteln, dem Joghurt, der Buttermilch und dem Dillgrün im Mixer pürieren. Danach mit den erkalteten Gurkenwürfeln und der Kochbrühe vermischen und mit etwas Salz abschmecken.

Anrichten

Servieren Sie diese Gurkensuppe gut gekühlt in kleinen Kristallschalen und garnieren Sie sie mit feingezupften Dillblättchen.

Hinweis

Je einfacher die Zutaten, desto mehr sollten Sie auf höchste Qualität und Frische achten. An einem heißen Sommertag werden Sie den klaren, erfrischenden Geschmack dieser Suppe zu schätzen wissen.

Kalbsfilet mit Poulardenleber und Kohlrabistreifen

Zubereiten

In einem Eisenbräter Butterschmalz erhitzen. Das mit Salz und Pfeffer gewürzte Filet darin von allen Seiten Farbe annehmen lassen. Die Gemüsewürfel zufügen und das Fleisch unter häufigem Wenden etwa 20 Minuten braten. Es soll innen noch zartrosa sein, obgleich man Kalbfleisch überlicherweise durchbrät. Das Filet herausnehmen, in Alufolie wickeln und warmstellen.

Das Bratfett abgießen. Das Röstgemüse vom Topfboden lösen und mit 1/4 Liter kaltem Wasser ablöschen. Auf etwa 1/8 Liter einkochen. Danach wird die Bratenflüssigkeit abpassiert und für die Weiterverwendung bereitgehalten.

Die Poulardenleber von Häuten und galligen Flecken befreien und in exakte Würfelchen schneiden. Mit den feingehackten Schalotten in Butter anbraten. Pfeffern, salzen und mit Madeira ablöschen. Danach werden die Leberwürfel aus der Pfanne genommen und warmgehalten. Nun wird die bereitgehaltene Bratenflüssigkeit vom Kalbsfilet zugegossen. Alles etwas einkochen lassen. Danach die Sauce durch ein Sieb passieren und zur Bindung einige kalte Butterflöckchen einschwenken.

Die Kohlrabiknollen schälen und in Streifen schneiden. In 20 Gramm Butter und wenig Wasser weichdünsten. Den Sauerrahm einrühren und mit Salz und Muskat würzen.

Zutaten

50 g Butterschmalz
Salz, Pfeffer
1 Kalbsfilet von 600 g
2 EL Schalottenwürfel
1 EL Karottenwürfel
1 EL Selleriewürfel
1/4 l Wasser

Für die Beilagen:
300 g Poulardenleber
2 Schalotten
30 g Butter
Pfeffer, Salz
1 kleines Glas Madeira
Einige Butterflöckchen
400 g Kohlrabi
20 g Butter
4 EL Sauerrahm
Salz, Muskat

Anrichten

Legen Sie das aufgeschnittene Kalbsfilet in die Mitte einer ovalen Platte. Auf die eine Längsseite placieren Sie die Kohlrabistreifen, auf die andere die Poulardenleberwürfel, die Sie mit der Sauce überziehen.

Als Beilage können Sie in Butter geschwenkte neue Kartoffeln reichen.

Pfirsiche in Weinschaumsauce

Vorbereiten

Die Pfirsiche werden gebrüht, kalt abgeschreckt und geschält. Halbieren und den Stein entfernen.

Zubereiten

Den Zucker mit der Vanilleschote in 1/4 Liter Wasser aufkochen. Die Pfirsiche in den heißen Zuckersirup legen und weichdünsten. Abkühlen lassen. Für die Weinschaumsauce wird der Wein mit Zucker, Eiern, Eigelben und Zitronensaft im Wasserbad aufgeschlagen, bis die Sauce Stand hat. Danach den Topf in mit Eiswürfeln versetztes Wasser stellen und die Weinschaumsauce kaltschlagen. Bereiten Sie die Weinschaumsauce erst unmittelbar vor dem Servieren zu.

Zutaten

4 baumreife Pfirsiche
100 g Zucker
1/2 Vanilleschote
1/4 l Wasser

Für die Weinschaumsauce:
1/8 l Weißwein
100 g Zucker
2 Eier
2 Eigelbe
Einige Spritzer Zitrone
1 EL Mandelblättchen zum Garnieren

Anrichten

Je 2 Pfirsichhälften auf Desserttellern anrichten und mit dem Weinschaum überziehen. Mit Mandelblättchen bestreuen.

Hinweis

Ein Dessert, wie es schon in der Generation unserer Großmütter beliebt war. Man nannte damals die Weinschaumsauce vornehm Weinchaudeau und reichte sie mit Vorliebe zu feinen eingemachten Früchten. Verwenden Sie dafür nur vollreife, aromatische Pfirsiche und einen lieblichen Wein.

Weinempfehlung

Reichen Sie zu dem Kalbsfilet einen Kleinbottwarer Brüssele Traminer Spätlese aus der Schloßkellerei Graf Adelmann, Steinheim/Kleinbottwar.

Sommerlicher Salatteller

Vorbereiten

Den Salat waschen und trockenschleudern. Die hartgekochten Eier schälen und vierteln. Die Tomaten brühen, kalt abschrecken und häuten. Halbieren und die Kerne ausdrücken. Das Tomatenfleisch in kleine Würfel schneiden.

Zubereiten

Für die Vinaigrette-Sauce werden Senf, die zerdrückten Eidotter und die Schalottenwürfel miteinander vermischt. Danach Öl und Essig langsam, wie bei einer Mayonnaise, einrühren. Mit Salz und Pfeffer würzen.

Zutaten

200 g brauner und grüner Pflücksalat
4 hartgekochte Eier
2 Fleischtomaten
16 Scampischwänze
2 EL Kräuter (Petersilie, Kerbel, Dill, Melisse)

Für die Vinaigrette-Sauce:
2 TL süßer bayerischer Senf
2 hartgekochte Eidotter
1 Schalotte
8 EL feines Olivenöl
2 EL Weinessig
Salz, Pfeffer

Anrichten

Die gemischten Salatblätter auf Mitteller verteilen. In die Mitte abwechselnd je 4 Eiviertel und 4 Scampischwänze setzen. Mit Tomatenwürfel umlegen, mit den gehackten Kräutern bestreuen und mit der Sauce überziehen.

Forellensuppe

Vorbereiten

Die Forellen filieren.

Zubereiten

Einen flachen Topf mit der Butter ausstreichen und die Forellenköpfe und -gräten anschwitzen, aber keine Farbe annehmen lassen. Das zerkleinerte Gemüse zufügen und mit Wasser auffüllen. Zum Kochen bringen und 20 Minuten auf kleiner Flamme vorsichtig kochen lassen, damit die Brühe klar bleibt. Nach etwa 12 Minuten die leicht gesalzenen Forellenfilets zugeben. Nach Ende der Kochzeit die Filets herausheben und das Fleisch abzupfen oder in Streifen schneiden. Aus den

Zutaten

2 Forellen zu je 250 g
10 g Butter
1 gewürfelte Schalotte
2 EL Lauchstreifen (nur das Weiße)
1 TL Selleriewürfel
2-3 Petersilienstengel

Köpfen die Forellenbäckchen entnehmen. Die Brühe durch ein Haarsieb geben und mit Salz und frischgemahlenem weißen Pfeffer würzen.

Anrichten

Das Forellenfleisch und die Forellenbäckchen in Suppentassen verteilen und mit der heißen Fischbrühe auffüllen. Mit je einer Prise feingeschnittenem Salbei und einigen Lauchstreifen garnieren.

1 1/4 l Wasser
Salz, weißer Pfeffer
1 frisches Salbeiblatt

Hinweis

Die Forellensuppe ist feinwürzig und ebenso leicht wie manche fernöstliche Suppen.

Lammschulter in Kapernsauce

Zubereiten

In ausreichend kaltem Wasser die Knochen zum Kochen bringen. Die Hitze reduzieren und das Lammfleisch einlegen. Zwiebeln, Knoblauch, Pimentkörner und Salz zugeben und im offenen Topf auf kleiner Flamme in etwa 1 Stunde weichziehen lassen. Während der letzten 10 Minuten die geschälten Mairübchen zufügen. Nach dem Weichkochen werden die Mairübchen und das Lammfleisch aus der Lammbrühe genommen und warm gehalten.

Für die Sauce wird das Mehl in der Butter hell angeschwitzt. Mit Weißwein ablöschen, mit Lammbrühe auffüllen und unter ständigem Rühren aufkochen. Auf kleiner Flamme 20 Minuten weiterkochen lassen. Mit Salz, Zitronensaft, abgeriebener Zitronenschale und Kapern würzen und den Sauerrahm einrühren.

Zutaten

500 g Lammknochen
800 g ausgebeinte Lammschulter
2 Zwiebeln
1 ungeschälte Knoblauchzehe
Pimentkörner, Salz
500 g Mairübchen

Für die Kapernsauce:
40 g Mehl
50 g Butter
4 EL Weißwein
1/2 l Lammbrühe
Salz
1 TL Zitronensaft
Abgeriebene Zitronenschale
1 EL Kapern
1/8 l Sauerrahm

Anrichten

Das aufgeschnittene Lammfleisch mit der Kapernsauce überziehen und mit den Mairübchen umlegen. Die restliche Sauce getrennt dazu reichen. Als Beilage können Sie Salzkartoffeln oder auch Reis servieren.

Hinweis

Wenn Sie es deftig mögen, kochen Sie dazu einen Brei aus Perlgraupen, Zwiebel-, Karotten- und Selleriewürfeln, den Sie vor dem Auftragen mit brauner Butter übergießen.

Kirschenplotzer

Vorbereiten

Die Brötchen auf einer Reibe entrinden, anschließend würfeln. Eine Springform mit Pergamentpapier auslegen und leicht buttern.

Zubereiten

Die gewürfelten Brötchen mit heißer Milch überbrühen und ziehen lassen. Die Eier trennen. Das Eiweiß mit 2 EL Zucker zu Schnee schlagen. Die Butter mit dem restlichen Zucker und den Eidottern cremig rühren. Zimt, Nelken und Kirschwasser zufügen. Mit den Brötchenwürfeln, Backpulver, Zitronat, Mandeln und den Kirschen schnell und leicht vermischen. Zuletzt den Eischnee unterheben. In die vorbereitete Form füllen und glattstreichen. Im auf 175 Grad vorgeheizten Ofen etwa 45 Minuten backen.

Zutaten

4 altbackene Brötchen
Etwas Butter
1/4 l Milch
5 Eier
80 g Butter
125 g Zucker
1 TL Zimt, 1 Messerspitze gemahlene Nelken
1 Likörglas Kirschwasser
1 gestrichener TL Backpulver
50 g Zitronat
100 g geraspelte Mandeln
800 g entsteinte Kirschen
Puderzucker zum Bestäuben

Noch heiß in der Form auf eine Platte stürzen. Nach 10 Minuten die Form abheben und das Pergamentpapier abziehen. Mit Puderzucker bestäuben.

Hinweis

Der Kirschenplotzer – das alemannische Gegenstück zur Tarte Tatin – schmeckt heiß, warm oder kalt gleichermaßen gut. Er sollte allerdings frisch gegessen werden. Statt Brötchen können Sie auch altbackene Brioches verwenden.

Weinempfehlung

Zu diesem Menü empfehle ich einen 1981er Sasbachwaldener Riesling trocken von der Winzergenossenschaft Sasbachwalden, Baden.

Schwarzwälder Forellentorte

Vorbereiten

In einem Sud aus den feingehackten Schalotten, Dillstengeln, Salz, Wasser und Wein die ausgenommenen Forellen garziehen lassen. Herausnehmen und filieren. Haut, Kopf und Gräten in den Sud zurückgeben und 15 Minuten auf kleiner Flamme weiterkochen lassen. Anschließend die Forellenbrühe abpassieren und 1/4 Liter zur Weiterverwendung bereithalten.

Zubereiten

Das Forellenfleisch durch ein Sieb streichen, mit 2 Eßlöffeln Forellenbrühe geschmeidig rühren und mit Salz und Pfeffer würzen. Die eingeweichte Gelatine in der Forellenbrühe erhitzen und auflösen. Abkühlen lassen und in das Forellenfleisch rühren. Die geschlagene, leicht gesalzene Sahne unterziehen und den Forellenschaum auf den Mürbteigboden streichen.

Die geräucherten Forellenfilets zu länglichen Dreiecken schneiden und speichenförmig auf der Torte anordnen. Das Weingelee zubereiten (Grundrezept Seite 147) und damit die Filets überglänzen. Die Torte mit einem Rand von frischen Melissenblättchen belegen und diese vorsichtig mit Weingelee fixieren.

Zutaten

Für den Fischsud:
3 Schalotten, 3 Dillstengel, Salz
1/4 l Wasser
1/8 l Weißwein

4 Forellen von je 250 g
Salz, weißer Pfeffer
8 Blatt Gelatine
1/4 l Sahne
1 blindgebackener, ungezuckerter Mürbteigboden von 26 cm Durchmesser
10 geräucherte Forellenfilets

Für das Weingelee:
1/8 l Weißwein
3-4 Blatt Gelatine

Frische Melissenblättchen zum Garnieren

Anrichten

Die Torte in Portionsstücke vorschneiden, aber im Ganzen auf den Tisch bringen.

Hinweis

Auch als exklusiver Imbiß zu einem Glas Wein verfehlt die Forellentorte nicht ihre Wirkung. Ich garniere sie dann üppiger, etwa mit einem Rand von Krebsschwänzen und feingezackten Melissenblättchen.

Badische Hochzeitssuppe

Vorbereiten

Das Rindfleisch waschen und das Huhn brühen, um alle Unreinheiten zu entfernen, die Geschmack und Aussehen der Brühe beeinträchtigen könnten.

Karottenwürfel, Selleriewürfel

Zutaten

Für die Brühe:
3 Pfund Rinderbrust
1 junges Suppenhuhn

Schwarzwälder Forellentorte

und Lauchringe getrennt in Salzwasser blanchieren.

Zubereiten

In einem großen Topf Rindfleisch und Huhn mit kaltem Wasser ansetzen und langsam zum Kochen bringen. Den sich an der Oberfläche absetzenden Schaum entfernen. Wiederholt das Fett abschöpfen, damit es nicht wieder in die Brühe einkocht und diese trübt. Die Brühe leicht salzen und auf kleiner Flamme 2 Stunden sanft kochen lassen. Danach Rindfleisch und Huhn herausnehmen. Die Hühnerbrust auslösen, diese und einen Teil des Rindfleisches in schöne Würfel schneiden. Das restliche Fleisch für ein anderes Gericht verwenden. Die Brühe durch ein Haarsieb gießen. Nachsalzen und die Gemüsewürfel einlegen und fertig garen.

Für den Eierstich die Eier verrühren, jedoch nicht schaumig schlagen. Die Milch zum Kochen

Salz

Für die Suppeneinlage:
6 EL Karottenwürfel
6 EL Selleriewürfel
6 EL Lauchringe

Für den Eierstich:
4 Eier
1/4 l Milch
Salz und Muskat

Für die Markklößchen:
100 g Rindermark
100 g Panier- oder Mutschelmehl
2 Eier, Salz, Muskat
1 EL feingehackter Schnittlauch zum Garnieren

bringen und vorsichtig in die Eiermasse rühren. Mit Salz und geriebener Muskatnuß würzen. In eine kleine gebutterte Auflaufform füllen und im Wasserbad unterhalb des Siedepunktes garziehen lassen. Nach dem völligen Erkalten stürzen und mit einem Buntmesser in Rauten schneiden.

Die Markklößchen werden zubereitet, wie im Rezept für Grünkernsuppe (siehe Seite 23) beschrieben ist. Sie werden in etwas Rinderbrühe gegart und als Einlage für die Suppe bereitgehalten.

Anrichten

Die heiße Brühe mit den Gemüsewürfeln in eine große Terrine gießen. Fleischwürfel, Eierstichrauten und Markklößchen in die Brühe einlegen. Mit Schnittlauch bestreut servieren.

Hinweis

Auf badischen Hochzeitstafeln fehlt diese bunte und kräftige Suppe selten. Sie wird in der Regel noch mit Rindermarkscheiben und feingeschnittenen hausgemachten Nudeln angereichert.

Tomatenhalbgefrorenes mit Krebsschwänzen

Vorbereiten

Die Tomaten brühen, kalt abschrekken und schälen. Danach halbieren und die Kerne herausdrücken.

Zubereiten

Das Tomatenfleisch im Mixer pürieren und mit den Gewürzen vermischen. Die Sahne leicht salzen, schlagen und unter das Tomatenpüree ziehen. In 8 runde Förmchen

Zutaten

8 reife Fleischtomaten
1 EL Tomatenketchup
1 EL Zitronensaft
Salz, 1 Prise Zucker,
1 Prise Cayennepfeffer
1/2 l süße Sahne

Für die Garnitur:
8 Flußkrebse zu je 100 g
40 Krebsschwänze
8 EL geschlagene Sahne
2 EL gehackter Dill

füllen und im Tiefkühlfach gefrieren.

Für die Garnitur werden die Krebse zubereitet, wie im Rezept für die Helgoländer Krebstorte, Seite 19, beschrieben wird. Krebsscheren und Schwänze ausbrechen und die Krebsnasen säubern und ausspülen. Die Sahne mit dem gehackten Dill vermischen und in die Krebsnasen füllen.

Tomatenhalbgefrorenes mit Krebsschwänzen

Anrichten

Das Tomatenhalbgefrorene auf Mittelteller stürzen. Die gefüllten Krebsnasen jeweils oben placieren. Rechts und links je 3 Krebsschwänze – wie die Beine eines Krebses – anlegen. Unten die ausgebrochenen Scheren als Schwanz ansetzen. Ohne weitere Garnitur servieren.

Hinweis

Sicherlich meinen Sie, daß Tomatenketchup in der Feinen Küche nichts zu suchen hätte. Guter Ketchup hat aber das Aroma seiner delikaten Zutaten in konzentrierter Form »aufgefangen« und kann, natürlich in kleinen Mengen, genauso verwendet werden wie Anchovisessenz oder Worcestersauce.

Perlhuhnbrust in Trüffelsauce mit Eierhaber

Vorbereiten

Die Mastgansleber mit Salz und frisch gemahlenem schwarzen Pfeffer bestreuen. In ein Porzellangefäß legen, mit Madeira übergießen und zugedeckt einen Tag im Kühlschrank marinieren.

Zubereiten

Die marinierte Mastgansleber in 8 gleichmäßige Scheiben schneiden. Die Reste für die Farce verwenden. In die halben Perlhuhnbrüste eine Tasche schneiden und mit je 1 Gänseleberscheibe füllen.

Für die Farce wird das Perlhuhnfleisch zusammen mit den Leberresten zweimal durch die feine Scheibe des Fleischwolfs getrieben oder im Mixer püriert. Danach die Masse auf Eis setzen und mit einem Holzlöffel, da Holz emulgiert, nach und nach die Sahne einarbeiten. Mit Salz und Pfeffer würzen. Das Schweinsnetz mit der Farce ausstreichen und davon passende Stücke zurechtschneiden, um die gefüllten Perlhuhnbrüste einzuhüllen.

Eine flache feuerfeste Form mit weicher Butter ausstreichen und die Perlhuhnbrüste hineinlegen. In dem auf 220 Grad vorgeheizten Ofen 20 Minuten garen.

Für die Sauce werden das Perlhuhnklein und die zerkleinerte Karkasse in Butterschmalz angeröstet. Die Gemüsewürfel zufügen und etwas Farbe annehmen lassen. Danach das Bratfett abgießen. Den Bratensatz mit Madeira ablöschen und mit 1/4 Liter kaltem Wasser aufgießen. Einkochen lassen und nochmals mit einem knappen 1/2 Liter Wasser aufgießen. Auf kleiner Flamme auf die Hälfte einkochen. Anschließend durch ein feines Sieb passieren und mit Salz und Pfeffer würzen. Zuletzt den Trüffelfond und die in feine Stifte geschnittenen Trüffel zufügen. Abseits des Feuers einige kalte Butterflocken ein-

Zutaten

350 g Mastgansleber
Salz, schwarzer Pfeffer
1 Glas Madeira
8 halbe Perlhuhnbrüste
1 Schweinsnetz
20 g Butter

Für die Farce:
200 g Perlhuhnfleisch,
Gänseleberreste
1/8 l Sahne
Salz, Pfeffer

Für die Sauce:
Perlhuhnklein
(Hälse, Flügel, Mägen)
1 Perlhuhnkarkasse
30 g Butterschmalz
2 EL Lauchwürfel
1 EL Karottenwürfel
1 EL Selleriewürfel
1 Glas Madeira
3/4 l Wasser
Salz, Pfeffer
1 kleine Dose Trüffeln
Einige Butterflocken

schwenken, um der Sauce eine leichte Bindung zu geben.

Für die Eierhaber einen Teig aus den angegebenen Zutaten nach dem Grundrezept (siehe Seite 148) bereiten. Sie werden in reichlich Butter ausgebacken und in etwa 12 Zentimeter große Rauten geschnitten.

Anrichten

Die Perlhuhnbrüste auf eine ovale Platte legen, mit der Trüffelsauce überziehen und mit den zu Dreiecken gefalteten Eierhabern sternförmig umlegen.

Für die Eierhaber:
100 g Mehl
1/4 l Milch
6 Eier
Salz

Butter zum Ausbacken

Hinweis

Um feine Farcen zart zusammenzuhalten, benutzt man gern ein Schweinsnetz. Es ist ohne Eigengeschmack und verschmilzt mit dem umhüllten Bratgut. Diese durchsichtige, folienartige Haut umgibt die Eingeweide des Schweines. Sie bekommen das Schweinsnetz bei Ihrem Metzger.

Schaumomelett mit Himbeerhalbgefrorenem

Vorbereiten

Für den Biskuit wird ein Backblech mit Pergamentpapier ausgelegt, das an der offenen Blechseite hochgefaltet wird, damit der Teig nicht vom Blech fließt.

Zubereiten

Das Himbeermark mit Zitronensaft und Zucker verrühren. Die Sahne schlagen und unter die Himbeermasse ziehen. In eine kleine Kastenform füllen, mit Alufolie bedecken und im Gefrierfach tiefgefrieren.

Für die Biskuitmasse werden die Dotter mit 2/3 des Zuckers schaumig gerührt. Das Eiweiß schlagen und nach und nach den restlichen Zucker zufügen. Eischnee und Eigelbmasse rasch vermischen. Mehl und Weizenstärke darüber sieben und vorsichtig unterziehen. Die Masse wird nun fingerdick auf das Blech gestrichen. Im 200 Grad heißen Ofen 10 Minuten backen.

Die Biskuitplatte auf ein Tuch stürzen und das Pergamentpapier abziehen. Locker mit einem in Wasser ausgespülten und ausgewrungenen Tuch bedecken und auskühlen lassen. Das Himbeergelee leicht erwärmen, mit dem Himbeergeist verrühren und damit die Biskuitplatte bestreichen.

Die Form mit dem Himbeerhalbgefrorenen kurz in heißes Wasser tauchen, das Halbgefrorene aus der Form lösen und auf die Biskuitplatte setzen. Diese wird mit Hilfe des unteren Tuches um das Halbgefro-

Zutaten

Für das Himbeerhalbgefrorene:
500 g Himbeermark
200 g Zucker
Saft einer halben Zitrone
1/2 l süße Sahne

Für die Biskuitmasse:
8 Eidotter
100 g Zucker
4 Eiweiß
50 g Mehl
50 g Weizenstärke
150 g Himbeergelee
1 Likörglas Himbeergeist

Für die Baisermasse:
2 Eiweiß
120 g Zucker

Etwas Staubzucker zum Bestäuben

rene gerollt. In Alufolie wickeln und bis zum Fertigstellen ins Tiefgefrierfach geben.

Eine Baisermasse bereiten. Dafür werden die beiden Eiweiß zu lockerem Schnee geschlagen. Dann erst die Hälfte des Zuckers zugeben und so lange weiterschlagen, bis sich der Zucker gelöst hat. Danach den restlichen Zucker mehr hineinrühren als schlagen.

Erst kurz vor dem Anrichten die Baisermasse mit einem Palettemesser etwa 1/2 Zentimeter stark auf die Biskuitrolle streichen. Die restliche Masse mit Spritzbeutel und Sterntülle als Rosetten aufspritzen. Mit Puderzucker bestäuben und unter den vorgeheizten Grill schieben, bis der Puderzucker karamelisiert und die Baisermasse überflämmt ist.

Anrichten

Sofort servieren und erst bei Tisch aufschneiden.

Hinweis

Geben Sie dieses Überraschungsomelett auf eine Platte aus Silber oder aus Edelstahl, auf der Sie es unter den Grill schieben und danach auch servieren können. Wickeln Sie zwei Handvoll Eiswürfel flach in Alufolie, legen Sie diese in die Fettpfanne und setzen Sie die Platte zum Überflämmen darauf. So verhindern Sie, daß das Halbgefrorene unter dem Grill schmilzt.

Weinempfehlung

Reichen Sie zu der Schwarzwälder Forellentorte einen 1976er Schloß Vollrads Riesling Kabinett Grün-Silber vom Weingut Graf Matuschka-Greiffenclau, Oestrich-Winkel, zum Tomatenhalbgefrorenen einen 1978er Oberberger Baßgeige Weißburgunder Kabinett vom Weingut Franz Keller, Oberbergen-Vogtsburg, und zur Perlhuhnbrust einen 1979er Durbacher Schloßberg Clevner Traminer Spätlese vom Gräflich Wolff Metternich'schen Weingut, Durbach, Baden.

Austern mit Pumpernickelstreifen

Zubereiten

Die Austern werden erst unmittelbar vor dem Servieren mit dem kurzen, kräftigen Austernmesser geöffnet. Dazu stößt man am Scharnier zwischen die beiden Schalen und durchtrennt den Muskelstrang. Dabei die gewölbte Seite der Auster nach unten halten, damit das köstliche Austernwasser beim Öffnen nicht vergossen wird.

Die Butter schaumig rühren. Salz, Zitronensaft sowie die abgeriebene Zitronenschale zugeben. Die Pumpernickelscheiben mit der Zitronenbutter bestreichen und in Streifen schneiden. Die Zitrone vierteln.

Zutaten

24 Limfjord-Austern
100 g Butter
Salz
Saft und abgeriebene Schale einer halben Zitrone
4 Scheiben Pumpernickel
1 Zitrone

Anrichten

Ein halbes Dutzend Austern pro Person auf Eis setzen und zusammen mit Pumpernickelstreifen und Zitronenvierteln servieren.

Gänseleber in Madeiragelee

Vorbereiten

Die Gänseleber enthäuten und mit grobem Salz und schwarzem Pfeffer bestreuen. In ein Porzellangefäß legen und mit Madeira übergießen. Zugedeckt und kühlgestellt einen Tag marinieren.

Zubereiten

Die trockengetupfte Leber in 4 Scheiben schneiden und in heißem Gänseschmalz anbraten, so daß die Leber innen noch rosa ist. Herausnehmen, entfetten und abkühlen lassen.

Vier flache Schälchen mit Madeira-Aspik ausgießen und auf Eis setzen, damit das Gelee schnell erstarrt. Je eine Gänseleberscheibe einlegen und mit dem restlichen Aspik bedecken. Im Kühlschrank festwerden lassen.

Zutaten

200 g Mastgansleber
Grobes Salz, Pfeffer
1 Glas Madeira
20 g frisches Gänseschmalz
1/2 l Madeira-Aspik
(Grundrezept Seite 147)

Anrichten

Stürzen Sie die Gänseleber auf Mittelteller und servieren Sie ohne weitere Zutat.

Hinweis

Wenn Sie extravagant sein wollen, so legen Sie je eine Trüffelscheibe auf die Leber, bevor Sie sie in Gelee eingießen. Beim Kauf sollten Sie darauf achten, daß die Leber leicht rosig und glänzend ist. Wenn Sie keine wirklich erstklassige Ware bekommen, ist es ratsam, statt dessen Gänseleberparfait eines guten Herstellers zu verwenden.

Lendenschnitten mit Artischockenböden, Béarner Sauce und Herzoginkartoffeln

Zubereiten

Für die Herzoginkartoffeln werden die Kartoffeln in Salzwasser weichgekocht, abgedämpft und durch die Kartoffelpresse passiert. (Nicht im Mixer zerkleinern.) Die Kartoffelmasse wird mit der Butter und den Eidottern verrührt und mit Salz und geriebener Muskatnuß gewürzt. Mit dem Spritzsack Rosetten auf ein gebuttertes Blech spritzen und diese mit verquirltem Ei bestreichen. Im 200 Grad heißen Ofen Farbe annehmen lassen. Die Artischockenböden in heißer Butter und Zitronensaft schwenken. Die Lendenschnitten in Butterschmalz rosa braten, salzen und pfeffern.

Zutaten

Für die Herzoginkartoffeln:
500 g mehlig kochende Kartoffeln
30 g Butter
2 Eigelbe
Salz, Muskat
1 verquirltes Ei

4 gekochte Artischockenböden
20 g Butter
Saft einer halben Zitrone
4 Scheiben Rinderfilet zu je 100 g
30 g Butterschmalz
Salz, schwarzer Pfeffer
1/4 l Béarner Sauce
(Grundrezept Seite 148)
Einige frische Estragonblätter

Anrichten

Die Lendenschnitten in die Mitte einer ovalen Platte placieren. Die Artischockenböden mit Béarner Sauce füllen und mit einigen frischen Estragonblättchen garnieren. Auf je eine Lendenschnitte einen gefüllten Artischockenboden setzen. Mit den Kartoffelrosetten umlegen.

Hinweis

Sie können die Herzoginkartoffeln schon einige Zeit vorher zubereiten, als Rosetten auf das gebutterte Blech spritzen und mit Alufolie bedecken. Allerdings erst unmittelbar vor dem Backen mit Ei bestreichen.

Sektsorbet

Zubereiten

Die Eiweiß mit dem Zucker steifschlagen. Das Zitroneneis mit dem Sekt verrühren und den Eischnee unterheben. In Sektschalen oder Sektflöten füllen und bis zum Servieren ins Zwei-Sterne-Fach des Kühlschranks stellen.

Anrichten

Das Sektsorbet mit den zur Schleife gedrehten Zitronenscheiben garnieren und auftragen.

Zutaten

3 Eiweiß
1 EL Zucker
8 Kugeln Zitroneneis
1/4 l Sekt
4 hauchdünne Zitronenscheiben

Weinempfehlung

Zu den Austern empfehle ich einen 1973er Hohenwettersbacher Rosengarten Riesling Auslese vom Weingut Freiherr Schilling von Canstatt Erben, Hohenwettersbach, Baden, und zu den Lendenschnitten einen 1974er Oberrottweiler Henkenberg Blauer Spätburgunder Auslese von Ihringers Weingut Zum Falken, Freiburg im Breisgau.

Katzenbergers Gänseleberparfait

Gelierte Krebssuppe

Vorbereiten

Die Krebse unter fließendem Wasser gründlich abbürsten. Zwei Liter Wasser mit Meersalz, Kümmel, Dill- und Petersilienstengeln zum Kochen bringen. Die Krebse garen, wie im Rezept Helgoländer Krebstorte beschrieben ist (Seite 19). Krebsscheren und Schwänze auslösen und in die Suppentassen verteilen. Die Krebskörper und -schalen im Mörser zerstoßen und in den Sud zurückgeben. Etwa eine Stunde auf kleiner Flamme kochen, danach erkalten lassen.

Zum Klären der Krebsbrühe werden die leicht verquirlten Eiweiß mit dem fein gewürfelten Gemüse vermischt. Die erkaltete Krebsbrühe darüber gießen und auf lebhaftem Feuer ohne Umrühren aufkochen, bis die Klärmasse von unten nach oben aufstößt. Die Hitze reduzieren und die Brühe noch einige Minuten ziehen lassen. Ein Sieb mit einem ausgespülten Tuch auslegen und die Brühe durchgießen. Mit Salz und etwas Cayennepfeffer würzen. Die Gelatine einweichen, ausdrücken und in der heißen Brühe auflösen. Diese wird nun über das Krebsfleisch in die Tassen gegossen. Im Kühlschrank gelieren lassen.

Zutaten

1 kg Flußkrebse
2 l Wasser
1 EL Meersalz
1 Prise Kümmel,
Einige Dill- und Petersilienstengel

Für die Klärmasse:
2 Eiweiß
3 EL feingehackter Lauch
3 EL kleine Möhrenwürfel
1 EL gewürfelte Petersilienwurzel
Salz, 1 Prise Cayennepfeffer
8 Blatt Gelatine

Anrichten

Die gelierte Krebsbrühe sollte ohne weitere Zutat serviert werden.

Nordseeflügelrochen im Lauchsud mit schwarzer Kapernbutter

Vorbereiten

Die Rochenflügel in 4 Portionen teilen, abbrühen und die schwarze Haut abschaben. Den Lauch waschen und in feine Streifen schneiden.

Zutaten

1500 g Rochenflügel
4 Lauchstangen
Meersalz, einige Pimentkörner

Zubereiten

In einen weiten, niedrigen Topf die Lauchstreifen einlegen. Die Rochenflügelstücke darauf verteilen und mit Meersalz und einigen zerdrückten Pimentkörnern würzen.

Mit Wasser knapp bedecken, aufkochen und etwa 10 Minuten ziehen lassen. Danach die Lauchstreifen mit der Schaumkelle aus dem Sud heben und auf vorgewärmte Teller verteilen. Die Rochenflügel darüber legen. Das Fleisch schabt sich jeder selbst von den stumpfen Gräten.

Die Kapernbutter wird unmittelbar vor dem Auftragen zubereitet. Die Butter auf lebhafter Flamme in einer Butterpfanne aufschäumen lassen. In dem Augenblick, in dem sie braun wird, über die Rochenflügel gießen. Schnell den Essig in die Butterpfanne schütten. Danach die Kapern zufügen und einmal durchschwenken. Über den Fisch geben und sofort auftragen.

Für die Kapernbutter:
125 g Butter
1 TL milder Weinessig
2 EL Kapern

Hinweis

Rochen ist der richtige Fisch für ein Herrenessen. Leider bekommt man ihn nur selten, obwohl er in der Nordsee häufig gefangen wird. An seiner skurrilen Drachengestalt kann es nicht liegen, da nur die fleischigen Flossen gehandelt werden. Anscheinend scheut der Händler den Amoniakgeruch, den dieser Fisch während der ersten Stunden nach dem Fang verbreitet. Er ist der einzige Fisch, der nicht frisch, sondern erst nach 48 Stunden zubereitet werden soll.

Hochrippe vom Holsteiner Mastrind mit Rindermarkpudding und Béarner Sauce

Vorbereiten

Das frische Rindermark einige Zeit im kalten Wasser wässern, um alle Blutreste zu entfernen.

Zubereiten

Das Fleisch salzen und pfeffern. Auf dem Herd in Butterschmalz scharf anbraten. Danach in den 150 Grad heißen Ofen geben und in 1 1/2 Stunden fertigbraten. Der Garvorgang muß langsam vonstatten gehen, damit das Fleisch keinen grauen Rand bekommt und rosa und saftig bleibt. In Alufolie gewikkelt mindestens 10 Minuten ruhen lassen, dann erst tranchieren.

Für den Rindermarkpudding wird das Mark klein geschnitten, leicht erwärmt und mit den 4 Eidottern schaumig gerührt. Nacheinander Milch und Mehl zugeben und mit Salz und schwarzem Pfeffer würzen. Zuletzt den steifen Eischnee unterziehen. In 4 gebutterte Auflaufförmchen füllen und bei

Zutaten

4 Pfund Hochrippe
Salz, schwarzer Pfeffer
50 g Butterschmalz

Für den Rindermarkpudding:
100 g Rindermark
4 Eier
4 EL Milch
80 g Mehl
Salz, schwarzer Pfeffer
1/4 l Béarner Sauce
(Grundrezept Seite 148)
1/2 Stange Meerrettich

220 Grad etwa 10–15 Minuten backen.

Anrichten

Die tranchierte Hochrippe mit dem entfetteten Bratensaft übergießen. Mit einem scharfen Messer Späne von der Meerrettichstange schaben und über das Fleisch geben. Den Rindermarkpudding und die Béarner Sauce getrennt dazu reichen.

Hinweis

Bei diesem Gericht ist das Fleisch reichlich bemessen. Aber je größer der Braten, desto saftiger ist er – vorausgesetzt, er wird mit der notwendigen Liebe und Sorgfalt zubereitet. Verlangen Sie von Ihrem Metzger die sogenannte „abgedeckte" Hochrippe ohne den Fleischlappen vom Bug, aber mit einer schönen Fettmaserung, die den Wohlgeschmack und die Saftigkeit des Bratens bewirkt.

Schwarzwälder Kirschwasserbömble

Zubereiten

Die Eier mit dem Zucker im Wasserbad schaumig schlagen. Danach den Topf in eine Schüssel mit kaltem Wasser stellen und die Masse kaltschlagen. Das Kirschwasser zugeben und die steife Sahne unterheben. In 4 Becherförmchen füllen und gefrieren. Vor dem Servieren die Förmchen stürzen und das Halbgefrorene im Kühlschrank geschmeidig werden lassen.

Anrichten

Mit je zwei frischen Kirschen garnieren und auftragen.

Zutaten

3 Eier
80 g Zucker
1 Südweinglas Kirschwasser
1/4 l süße Sahne
Frische Kirschen zum Garnieren

Hinweis

Zur Abwechslung können Sie dieses Halbgefrorene auch mit einer heißen Sauerkirschsauce servieren, die mit einer Gewürznelke und etwas Kirschwasser parfümiert wird.

Weinempfehlung

Zum Nordseeflügelrochen empfehle ich einen 1980 Oberbergener Baßgeige Ruländer Kabinett vom Weingut Franz Keller, Oberbergen-Vogtsburg, und zu der Hochrippe einen 1981er Baden-Badener Eckberg Spätburgunder vom Weingut Eckberg, Baden-Baden.

Allgäuer Käsetörtchen

Zubereiten

Aus den angegebenen Zutaten einen ungezuckerten Mürbteig kneten, der mit einer Prise Salz und etwas Zwiebelpulver gewürzt wird. Mit dem Teig werden 12 Törtchenformen (mit einem 1 1/2 Zentimeter hohen Rand) ausgefüttert. Bei 200 Grad wenige Minuten anbacken. Auskühlen lassen.

Den Rauchspeck in Scheiben, dann in etwa briefmarkengroße Stücke schneiden, mit kochendem Wasser überbrühen und abtropfen lassen. Den Emmentaler Käse in 1/2 Zentimeter große Würfel schneiden. Die Törtchen mit dem gebrühten Rauchspeck und den Käsewürfeln belegen.

Die Eier mit dem geriebenen Greyerzer Käse und der Sahne verrühren. Nur leicht salzen, denn der Käse ist bereits salzig, und mit frischgemahlenem Pfeffer und 1 Prise Muskatblüte würzen. Mit dieser Mischung die Törtchen bis 1/2 Zentimeter unter den Rand ausgießen und bei 200 Grad goldbraun backen.

Zutaten

(für 12 Törtchen)

250 g Mehl
125 g Butter
1 Eigelb, 1 EL Wasser
Salz, etwas Zwiebelpulver

Für die Füllung:

200 g Schwarzwälder Rauchspeck
200 g Emmentaler Käse
4 Eier
4 EL geriebener Greyerzer Käse
1/4 l Sahne
Salz, weißer Pfeffer, Muskatblüte

Gefüllte Wachteln in der Folie

Vorbereiten

Die Wachteln werden bis auf Flügel und Schenkelknochen vom Rücken her ausgebeint. Dazu schneidet man die Rückenhaut am Rückgrat entlang durch und löst das Fleisch von der Karkasse.

Zubereiten

Für die Füllung wird das Brötchen entrindet, gewürfelt und mit heißer Milch übergossen. Quellen lassen, ausdrücken und zusammen mit dem Ei unter die Kalbfleischfarce ziehen, um diese zu lockern. Mit Muskatblüte, kleingeschnittenem Basilikum und Salz würzen.

Die entbeinten Wachteln, mit der Farce füllen. Zur Kugel formen, salzen, in Alufolie einschlagen und etwa 12 Minuten in dem auf 240 Grad vorgeheizten Ofen garen. Die Wachteln werden in der Folie belassen.

Zutaten

6 Wachteln

Für die Füllung:

1 Brötchen
1/8 l Milch
1 Ei
250 g Kalbfleischfarce
(Grundrezept Seite 147)
Muskatblüte, einige frische Basilikumblätter, Salz
Butter zum Ausstreichen der Folie

Geflügelsalat

Vorbereiten

Die Poularde halbieren und flachdrücken. Die Zwiebeln in Scheiben schneiden.

Zubereiten

Die Zwiebelscheiben in einen weiten, flachen Topf streuen und darauf die Poulardenhälften legen. Mit Salz und zerstoßenen Pimentkörnern würzen und knapp mit Wasser bedecken. Zum Kochen bringen und etwa 30 Minuten auf kleiner Flamme garen. In der Brühe etwas abkühlen lassen. Die noch warme Poularde entbeinen und die Haut abziehen. Das Fleisch in 1 Zentimeter breite Streifen schneiden. Die Äpfel schälen und in Streifen schneiden, ebenso die abgezogenen Pfirsiche. Sofort mit dem Orangensaft beträufeln, damit sie sich nicht verfärben.

Für die Sauce werden Joghurt, Sauerrahm und Mayonnaise miteinander verrührt und mit Salz und frischgemahlenem weißem Pfeffer gewürzt. Apfel-, Pfirsich- und Poulardenstreifen mit der Sauce vorsichtig mischen.

Zutaten

1 Poularde von 1200 g
2 Zwiebeln
Salz
Einige Pimentkörner
3 Kläräpfel
3 Pfirsiche
Saft von 1 Orange
1/4 l Joghurt
4 EL Sauerrahm
Hausgemachte Mayonnaise von
2 Eigelbe und 1/8 l Öl
Salz, weißer Pfeffer

Schweinskotelettchen

Vorbereiten

Von den Kotelettstielen alles Fleisch und Fett sauber wegschneiden.

Zubereiten

Die Koteletts pfeffern und salzen. Mit Mehl bestäuben, durch das verquirlte Ei ziehen und in Paniermehl wälzen. In der 150 Grad heißen Fritüre 8–10 Minuten backen. Bei dieser niedrigen Temperatur ist die Backzeit zwar länger, doch die Koteletts bleiben saftig und die Panade wird nicht dunkel. Auf dem Rost über Küchenpapier abtropfen und kaltwerden lassen. Die Stiele mit Papiermanschetten versehen.

Zutaten

6 kleine Schweinskoteletts
Salz, schwarzer Pfeffer
Etwas Mehl
1 Ei
Paniermehl
Fett zum Ausbacken

Hinweis

Packen Sie als Ergänzung in Ihren Picknick-Korb noch Rauchfleischröllchen und hartgekochte Eier, Senf in Tuben, Salz, Radieschen, Tomaten und Laugenbrezeln, die Sie mit Schnittlauchbutter bestreichen.

Getränkeempfehlung

Als Getränke empfehle ich Mineralwasser, Sekt und einen leichten Riesling. Sollte sich Ihr Picknickplatz an einem Wasser befinden, so binden Sie lange, kräftige Bindfäden an die Flaschenhälse, an denen Sie die Flaschen zur Kühlung ins Wasser hängen.

Menüs im Herbst

Erstes Herbstmenü

Badische Weinsuppe
Langustenschwanz in Blätterteig mit Béarner Sauce
Gefüllte Wildtauben
Reispudding

Zweites Herbstmenü

Getrüffelte Fasanenpastete
Matrosengericht von Lachsforelle mit Estragonpüree
Kalbsbries im Strudelteig
Bühlertaler Zwetschgenbecher

Drittes Herbstmenü

Schwarzwälder Speckkuchen
Kraftbrühe mit Grießnocken
Rheinhecht nach Badischer Art mit hausgemachten Nudeln
Eisgugelhupf

Viertes Herbstmenü

Kürbissuppe
Hechtklößchen in Dillrahm
Gefülltes Kraut nach Schwarzwälder Art
Traubenstrudel

Damentee

Eclairs mit Räucherfischmus und Ingwer-Äpfeln
Klare Tomatenbrühe
Gefüllte Wachteln auf Weinbeeren
Geeister Quittenschaum

Jagdessen

Wildkraftbrühe mit Rehleberklößchen
Donauwaller mit Walnußbutter
Frischlingsrücken mit Kastanienpüree und Kartoffelnocken
Hagebuttensorbet

Garniertes Sauerkraut

Gedämpftes Rebhuhn
Rauchspeck und Rippenspeer
Kalbsbratwurst und Leberknödel auf Sauerkraut mit Erbs- und Kartoffelpüree

Sankt Martinsessen

Gänsekleinsuppe
Auflauf von Petersilien- und Pastinakwurzeln
Martinsgans mit Äpfeln, Weinkraut und Kartoffelklößen
Birnen nach Schloßherrin-Art

Badische Weinsuppe mit Kalbshirnwürfeln

Vorbereiten

Das Hirn wässern und dabei das Wasser mehrfach wechseln. Danach die Haut abziehen und alle Blutadern entfernen. Das Hirn blanchieren und kalt abschrecken. Mit den Gewürznelken das Lorbeerblatt auf die geschälte Zwiebel heften.

Zubereiten

Das geputzte Hirn mit der gespickten Zwiebel und den zerstoßenen Pimentkörnern in leicht gesalzenem Wasser zum Kochen bringen. Den Wein zufügen und das Hirn in dem Sud etwa 20 Minuten pochieren. Danach herausnehmen, abkühlen lassen und in 1 Zentimeter große Würfel schneiden. Die Pochierbrühe durch ein Sieb seihen und aufs Feuer zurückstellen. Ei, Eigelb, Sahne und Mehl miteinander verrühren und mit Salz und geriebenem Muskat würzen. Mit dem Schneebesen in die kochende Brühe einrühren, die sich aufbauschen soll.

Zutaten

1 Kalbshirn
1 Zwiebel
1 Lorbeerblatt, 2 Gewürznelken
Einige Pimentkörner, Salz
3/4 l Wasser
1/4 l Wein (Riesling)
1 Ei
1 Eigelb
1/8 l Sahne
1 EL Mehl
Salz, Muskat
1 EL Schnittlauch

Anrichten

Je 2 Eßlöffel Hirnwürfel in die Suppentassen geben. Mit der heißen Suppe auffüllen und mit Schnittlauch bestreuen.

Langustenschwanz in Blätterteig mit Béarner Sauce

Vorbereiten

Da nur selten frische Langustenschwänze angeboten werden, können Sie für dieses Gericht auch tiefgefrorene verwenden. Diese werden in mit Meersalz, Kümmel und einigen Dillstengeln gewürztem Wasser etwa 6 Minuten pochiert. In der Pochierflüssigkeit erkalten lassen

Zutaten

4 Langustenschwänze zu je 180 g
Meersalz, 1/2 TL Kümmel
Einige Dillstengel
1 schwarze Trüffel zu 40 g

und anschließend aus den Schalen lösen. Die Trüffel in 16 feine Scheiben schneiden.

Zubereiten

In die Langustenschwänze werden quer je 4 Einschnitte gemacht und mit je einer Trüffelscheibe gefüllt.

Für die Farce wird das Seezungenfilet im Mixer püriert. Danach auf Eiswürfeln die kalte Sahne mit einem Holzlöffel in das Seezungenpüree einarbeiten. Salzen und mit etwas edelsüßem Paprikapulver leicht rosa färben.

Die getrüffelten Langustenschwänze mit der Farce bestreichen und auf je ein Blätterteig-Rechteck setzen. Diese Teigböden werden mit dem Teigrad in Form eines Langustenschwanzes ausgeschnitten. Aus den 4 restlichen Blätterteig-Rechtecken werden passende Deckel geschnitten und über die Langustenschwänze gelegt. Die Ränder mit verquirltem Ei bestreichen und fest aufeinander drücken. Aus den Teigabschnitten dünne Streifen schneiden, die quer über die Deckel gelegt werden, um die Panzerringe der Langusten anzudeuten. Mit verquirltem Ei bestreichen und 20 Minuten im 200 Grad heißen Ofen backen.

Für die Farce:
100 g Seezungenfilet
1/8 l Sahne
Salz, edelsüßes Paprikapulver

1/4 l Béarner Sauce
(Grundrezept Seite 148)
8 Blätterteig-Rechtecke
zu je 10 x 20 cm
1 Ei zum Bestreichen

Anrichten

Die Langustenschwänze längs halbieren und die Béarner Sauce getrennt dazu reichen.

Hinweis

Um den Blätterteig in eine gleichmäßige Form zu bringen, sollten Sie sich vorher aus Pappe eine Schablone in Form eines Langustenschwanzes schneiden.

Gefüllte Wildtauben mit Zitronengeleebirnen

Vorbereiten

Die gerupften Tauben ausnehmen. Därme, Kopf, Flügelspitzen und Füße entfernen. Herz und Leber, die übrigens keine Gallenblase hat, aufbewahren. Die Tauben waschen, trockentupfen und innen und außen mit Salz und Pfeffer einreiben.

Zubereiten

Lebern, Herzen und Schalotten würfeln und in 20 Gramm Butter weichdünsten. Mit Salz, Pfeffer und Muskatblüte würzen. Abkühlen lassen. Inzwischen die Eier trennen. Die Eiweiß leicht salzen und zu Schnee schlagen. Die restliche Butter mit den Eidottern schaumig rühren. Das geriebene Weißbrot, die weichgedünsteten Innereien und die Pistazien zufügen. Nachwürzen. Den Eischnee unter die Masse heben und die Tauben damit füllen.

In heißem Butterschmalz werden die Tauben von allen Seiten gebräunt. Bei reduzierter Hitze in etwa 40 Minuten weichbraten. Vor dem Servieren 10 Minuten ruhen lassen.

Für die Garnitur werden die Birnen nicht geschält, sondern nur halbiert. Die Kerngehäuse ausstechen. Die Birnenhälften in Butter und Zitronensaft weichdünsten. Mit abgeriebener Zitronenschale bestreuen und mit Zitronengelee füllen.

Zutaten

4 Wildtauben
Salz, Pfeffer

Für die Füllung:
Leber und Herzen der Tauben
1 Schalotte
70 g Butter
Salz, Pfeffer, Muskatblüte
2 Eier
4 El geriebenes frisches Weißbrot
1 EL Pistazien
40 g Butterschmalz zum Braten

Für die Garnitur:
4 Williams Christbirnen
10 g Butter
1 EL Zitronensaft
1 TL abgeriebene Zitronenschale
4 EL Zitronengelee

Anrichten

Die Tauben halbieren, mit Bratensaft beträufeln und mit Birnenhälften umlegen. Für den großen Appetit können Sie als Beilage ein lockeres Kartoffelpüre servieren; für den kleinen Hunger reichen einige Rosetten aus Herzoginkartoffelmasse (siehe Seite 72).

Reispudding

Zubereiten

Den Milchreis mit kochendem Wasser übergießen und auf einem Sieb abtropfen lassen.

Die Milch mit einer Prise Salz und der abgeriebenen Orangenschale aufkochen. Die Orangenschale kann, muß aber nicht abgeseiht werden. Den Reis zufügen, aufkochen und zugedeckt im Backofen bei mittlerer Hitze etwa 45 Minuten garen. Herausnehmen und den Zucker, den Grand Marnier und die im Orangensaft aufgelöste Gelatine zufügen. Abkühlen lassen. Anschließend die leicht gezuckerte geschlagene Sahne und zuletzt den Eischnee von 2 Eiweiß unter den Reis heben. Die Masse wird in eine Puddingform gefüllt und im Kühlschrank gut durchgekühlt.

Zutaten

120 g Milchreis
1/2 l Milch
1 Prise Salz
Abgeriebene Schale
von 2 unbehandelten Orangen
80 g Zucker
1 Likörglas Grand Marnier
Saft von 2 Orangen
3 Blatt Gelatine
1/8 l süße Sahne
1 EL Zucker
2 Eiweiß
Etwas Grand Marnier und
Orangenspalten zum Garnieren

Anrichten

Den Pudding vorsichtig auf eine Servierplatte stürzen und mit Orangenspalten, die von der Haut befreit und in Grand Marnier mariniert wurden, ringförmig umlegen.

Weinempfehlung

Zum Langustenschwanz empfehle ich einen 1981er Casteller Kugelspiel Perle trocken vom Weingut des Fürstlich Castell'schen Domänenamtes, Castell, Unterfranken, und zur gefüllten Wildtaube einen 1976er Durbacher Schloßberg Gewürztraminer Auslese vom Gräflich Wolff Metternich'schen Weingut, Durbach, Baden.

Getrüffelte Fasanenpastete

Vorbereiten

Eine Terrine von 25 Zentimeter Länge wird zuerst mit Alufolie, danach mit Klarsichtfolie so ausgekleidet, daß beide Folien die Ränder der Form überlappen, damit man sie anschließend über die Füllung klappen kann.

Die Fasanenhennen waschen, trockentupfen und halbieren. Die Kalbfleischfarce mit dem Trüffelfond vermischen.

Zubereiten

Die Fasanenhälften salzen und pfeffern. In heißer Butter in etwa 20 Minuten rosig braten. Danach abkühlen lassen und von der Innenseite her entbeinen.

Die Pastetenform mit der Kalbfleischfarce ausfüttern. Darauf 2 Fasanenhälften hintereinander legen und mit Kalbfleischfarce ausstreichen.

Die Trüffel in Streifen schneiden und die Mastgansleber auseinanderschneiden, so daß sie ein Rechteck ergibt. Die Trüffelstreifen in die Leber einlegen und diese zu einer länglichen Rolle formen. Die Rolle als Kern in die Pastete einlegen. Mit Farce auffüllen. Die beiden restlichen Fasanenhälften darüberlegen und mit der übrigen Farce glattstreichen.

Die Folien über der Pastete zusammenfalten und die Terrine im Wasserbad im 150 Grad heißen Ofen etwa 45 Minuten pochieren. Zum Abkühlen beschweren und mindestens 12 Stunden ruhen lassen.

Zutaten

2 kleine Fasanenhennen
750 g Kalbfleischfarce
(Grundrezept Seite 147)
1 kleine Dose Trüffel
Salz, Pfeffer
80 g Butter
1 Mastgansleber von etwa 300 g
1/4 l Madeiragelee
(Grundrezept Seite 147)

Anrichten

In 1 Zentimeter dicke Scheiben schneiden, je 2 Scheiben auf einen Mittelteller placieren und mit Rauten aus Madeiragelee garnieren.

Hinweis

Die Terrine ergibt etwa 12 Portionen, aber Terrinen und Pasteten lassen sich nicht in kleinen Mengen bereiten.

Matrosengericht von Lachsforelle mit Estragonpüree

Vorbereiten

Die Lachsforelle filieren aber nicht häuten. Die Filets längs halbieren und in 3 Zentimeter breite Querstreifen schneiden.

Zutaten

1 Lachsforelle von 2 Pfund

Für den Fischsud:
Kopf und Gräten der Lachsforelle

Zubereiten

Kopf und zerkleinerte Gräten der Lachsforelle mit gehackten Schalotten, Estragon- und Dillstengeln, Salz und Pfefferkörnern in einem

Vom Rastatter Markt

Vom Rastatter Markt

reichlichen halben Liter Wasser aufsetzen. Auf kleiner Flamme 20–30 Minuten kochen lassen. Anschließend Gräten und Würzzutaten abpassieren. In den heißen Sud werden nun die leicht gesalzenen Fischstreifen eingelegt und 6 Minuten pochiert. Herausnehmen und warmhalten.

Für die Weißweinsauce wird die Pochierflüssigkeit auf etwa 1/4 Liter eingekocht. Butter und Mehl mit einer Gabel verkneten. Diese Mehlbutter wird mit einem Schneebesen in die kochende Fischbrühe eingerührt. Eigelb und Sahne miteinander vermengen und die Sauce damit legieren. Den Wein zufügen und mit Salz und weißem Pfeffer nachwürzen.

Für das Estragonpüree werden die Kartoffeln in Salzwasser gekocht, abgedämpft und durch die Kartoffelpresse getrieben. In den lockeren Kartoffelschnee wird die Butter mit einem Kochlöffel eingearbeitet und nach und nach heiße Milch bis zur gewünschten Konsistenz eingerührt. Eventuell leicht nachsalzen. Zuletzt den sehr fein gehackten frischen Estragon untermischen.

2 Schalotten
Einige Estragon- und Dillstengel
Salz, 8 Pfefferkörner
1/2 l Wasser

Für die Weißweinsauce:
1/4 l Fischbrühe
10 g Butter
10 g Mehl
1 Eigelb
4 EL süße Sahne
1 kleines Glas trockener Weißwein
Salz, weißer Pfeffer

Für das Estragonpüree:
500 g mehlig kochende Kartoffeln
80 g Butter, etwas heiße Milch
Salz
4 EL frischer Estragon
Einige Estragonblättchen
zum Garnieren

Anrichten

Geben Sie das Estragonpüree in die Mitte einer ovalen Platte und umlegen Sie es sternförmig mit den Lachsforellenstreifen. Überziehen Sie diese mit der Weißweinsauce und garnieren Sie die Streifen mit je einem blanchierten Estragonblättchen.

Hinweis

Matrosengerichte oder Matelotes, einst so beliebt wie Matrosenanzüge für kleine Jungen, sind eigentlich Fischragouts aus mehreren Arten von Süßwasserfischen. Die Lachsforelle aber, der köstlichste Süßwasserfisch überhaupt, sollte kein weiteres Beiwerk haben.

Kalbsbries im Strudelteig mit Safransauce und Blattspinat

Vorbereiten

Das Kalbsbries mindestens 2 Stunden wässern, um alle Blutreste auszuziehen. Danach 3–4 Minuten blanchieren und kalt abschrecken. Alle knorpeligen Teile wegschneiden, die Haut aber noch nicht abziehen. Das Lorbeerblatt mit den Gewürznelken auf die geschälte Zwiebel heften.

Zutaten

1 Kalbsbries von 350–400 g
1 Lorbeerblatt, 2 Gewürznelken
1 Zwiebel
Salz, einige Pimentkörner
100 g Kalbfleischfarce
(Grundrezept Seite 147)
Strudelteig
(Grundrezept Seite 148)
40 g Butter

Zubereiten

Das Bries mit Wasser bedecken und mit der gespickten Zwiebel, Salz und einigen zerdrückten Pimentkörnern zum Kochen bringen. Auf kleiner Flamme 30 Minuten ziehen und in der Pochierflüssigkeit erkalten lassen. Danach herausnehmen und die Haut abziehen. Pro Person 3 Brieswürfel in Größe einer Streichholzschachtel zurechtschneiden. Die Brieswürfel mit der Kalbfleischfarce rundum bestreichen.

Zwölf Rechtecke aus Strudelteig ausschneiden und mit zerlassener Butter bepinseln. Die Brieswürfel darin einhüllen. Die Päckchen mit Butter bepinseln und im 200 Grad heißen Ofen knusprig backen.

Den Spinat im kochenden Salzwasser blanchieren, auf einen Durchschlag geben und kalt abschrecken. Das Wasser gut ausdrükken. Die Schalottenwürfel in Butter glasig dünsten und den Spinat zufügen. Unter mehrmaligem Wenden gar dünsten und mit Salz, geriebenem Muskat und etwas Pfeffer würzen.

Den gemahlenen Safran unter die Holländische Sauce mischen, so daß sie gleichmäßig durchgefärbt ist.

Für den Blattspinat:
2 Pfund geputzter Spinat
4 Schalotten
40 g Butter
Salz, Muskat

1/4 l Holländische Sauce
(Grundrezept Seite 148)
1 Teelöffelspitze gemahlener Safran

Anrichten

In die Mitte einer runden Platte den Blattspinat geben und mit den Brieschen umlegen. Die Safransauce getrennt reichen.

Bühlertaler Zwetschgenbecher

Zubereiten

Die Zwetschgen längs vierteln, entsteinen und quer halbieren, so daß Dreiecke entstehen. Mit 100 Gramm Puderzucker und dem Zwetschgenwasser vermischen. Zugedeckt kühlstellen. Die Sahne erst kurz vor dem Anrichten mit dem restlichen Zucker schlagen.

Für das Himbeerhalbgefrorene wird das Himbeermark mit Zitronensaft und Zucker verrührt. Die Sahne schlagen und unter die Himbeermasse ziehen. In eine Metallschüssel füllen, mit Alufolie abdekken und im Tiefkühlfach gefrieren lassen.

Zutaten

600 g Zwetschgen
120 g Puderzucker
1 Schnapsglas Zwetschgenwasser
1/4 l süße Sahne

Für das Himbeerhalbgefrorene:
250 g Himbeermark
1 EL Zitronensaft
100 g Zucker
1/4 l süße Sahne

Anrichten

Etwa die Hälfte der Zwetschgenstücke in Kelchgläser füllen und darauf je 2 Eßlöffel Himbeerhalbgefrorenes geben. Mit Zwetschgenstückchen auffüllen und darauf einen Zackenrand aus Zwetschgendreiecken legen. Mit Spritzsack und Sterntülle Schlagsahne als Rosette in die Mitte setzen und mit je einer schönen Himbeere garnieren.

Weinempfehlung

Zu diesem Menü empfehle ich einen 1981er Wachenheimer Fuchsmantel Scheurebe Kabinett vom Weingut Karl Schaefer, Bad Dürkheim.

Schwarzwälder Speckkuchen

Zubereiten

Aus den angegebenen Zutaten rasch einen ungezuckerten Mürbteig bereiten. In Folie wickeln und mindestens 2 Stunden kühl stellen. Eine Springform von 20 Zentimeter Durchmesser mit dem Teig auslegen und blind vorbacken.

Den Rauchspeck in 1 Zentimeter große Würfel schneiden. Die kleinen Zwiebeln schälen und zusammen mit den Speckwürfeln in der Butter glasig braten. Mit der Schaumkelle aus der Pfanne nehmen und das Fett abtropfen lassen. Speckwürfel und Perlzwiebeln auf den Mürbteigboden legen.

Zutaten

Für den Mürbteig:
250 g Mehl
125 g Butter
1 Eigelb, 1 EL kaltes Wasser
1 Prise Salz

Für die Füllung:
300 g Schwarzwälder Rauchspeck
20 Perlzwiebeln
20 g Butter
4 Eier
1/4 l süße Sahne
Salz, weißer Pfeffer
1/4 TL Muskatblüte
2 EL Schnittlauch

Die Eier mit der Sahne verrühren und mit Salz, Pfeffer, Muskatblüte und Schnittlauch würzen. Diese Mischung über die Zwiebeln und Speckwürfel gießen. In den auf 220 Grad vorgeheizten Ofen schieben und etwa 25 Minuten backen, bis die Eier-Sahne-Mischung gestockt und ihre Oberfläche goldbraun ist.

Anrichten

Den Speckkuchen vorsichtig aus der Form lösen und heiß servieren.

Kraftbrühe mit Grießnocken

Zubereiten

Für die Grießnocken die Eier trennen, die Butter schaumig rühren und die Eidotter einarbeiten. Den Grieß zufügen und mit Salz und geriebenem Muskat würzen. Zudekken und etwa 1 Stunde quellen lassen. Danach das Eiweiß leicht salzen und schlagen. Vorsichtig unter die Grießmasse ziehen. Mit einem Teelöffel kleine Nocken formen, in siedendes Salzwasser geben und zugedeckt 15 Minuten mehr ziehen als kochen lassen. Die Grießnocken müssen mindestens auf die doppelte Größe aufgehen und leicht und luftig werden.

Zutaten

1 1/2 l Kraftbrühe
(Grundrezept Seite 146)
1 EL Schnittlauch

Für die Grießnocken:
2 Eier
60 g Butter
60 g Grieß
Salz, Muskat

Anrichten

Die gegarten Grießnocken in die heiße Kraftbrühe einlegen. Mit Schnittlauch bestreuen und auftragen.

Rheinhecht nach Badischer Art mit hausgemachten Nudeln

Vorbereiten

Den Hecht schuppen, ausnehmen, waschen und trockentupfen.

Zubereiten

Den Hecht salzen und mit Mehl bestäuben. In einer gußeisernen Pfanne Butter aufschäumen lassen und den bemehlten Hecht darin wenden. Auf die Bauchseite setzen und im 200 Grad heißen Ofen etwa 15 Minuten garen. Auf den Herd zurückstellen. Die gehackten Schalotten zum Hecht in die Pfanne geben und glasig werden lassen. Die halbe Zitrone über dem Hecht auspressen. Erst den Wein, dann die Sahne angießen und die gehackte Petersilie zufügen. Unter Rühren wird diese Sauce nun ständig über den Fisch gegossen. Sie gart ihn fertig, wird dabei bräunlich, dickt ein und nimmt ein köstliches Hechtaroma an.

Zutaten

1 Hecht von 2 Pfund
Salz, Mehl zum Bestäuben
150 g Butter
4 Schalotten
1/2 Zitrone
1 kleines Glas Riesling
3/8 l süße Sahne
1 EL gehackte Petersilie

Nudeln aus 4 Eiern
(Grundrezept Seite 149)
50 g Butter

Die Nudeln abkochen und in zerlassener Butter schwenken.

Anrichten

Den Hecht auf eine ovale Platte setzen und mit der Sauce überziehen. Die gebutterten Nudeln gesondert reichen.

Hinweis

Dies ist ein altes badisches Rezept aus der Zeit, als es noch keine Kartoffeln in Deutschland gab. Ich serviere den Hecht auch heute noch mit gebutterten Nudeln, die seit altersher dazugehören.

Eisgugelhupf

Zubereiten

Die Eier mit 150 Gramm Zucker und dem ausgekratzten Mark der Vanilleschoten vermischen und im Wasserbad warm aufschlagen, bis die Masse cremigweiß ist. Über einer Schüssel mit Eiswürfeln gekühltem Wasser kalt schlagen. Die Sahne mit den restlichen 150 Gramm Zucker sehr steif schlagen und beide Massen miteinander mischen. Das Schokoladeneis in 2–3 Zentimeter große Würfel schneiden und unter die Eier-Sahne-Mischung heben. Die Masse in eine Gugelhupfform füllen. Diese sollte aus Metall sein, da Metall die Kälte am besten leitet. Mit Alufolie bedekken und tiefgefrieren.

Zutaten

6 Eier
300 g Zucker
2 Vanilleschoten
1 l Sahne
200 g Schokoladeneis
2 EL Kakaopulver
4 EL geröstete Mandelblätter

Anrichten

Die Form kurz in heißes Wasser tauchen und den Gugelhupf auf eine runde Platte stürzen. Mit Kakaopulver und frisch gerösteten Mandelblättchen bestreuen, die vorsichtig angedrückt werden.

Weinempfehlung

Zum Rheinhecht nach Badischer Art empfehle ich einen Sinsheimer Frühmeßler Riesling Kabinett vom Weingut Eckberg, Baden-Baden.

Eisgugelhupf. Rezept Seite 89.

Kürbissuppe

Zubereiten

Kürbiswürfel und Schalotten in Butter andünsten. Etwas Salz und die zerstoßenen Kardamomkapseln zufügen. Mit einer leichten Rinderbrühe auffüllen und die Kürbiswürfel weichkochen. Anschließend im Mixer pürieren und zurück auf den Herd stellen.

Das Eigelb mit der Sahne verrühren und 2-3 Eßlöffel der heißen Suppe einrühren. Mit dieser Mischung wird die nicht mehr kochende Suppe gebunden und anschließend durch ein Sieb gestrichen.

Zutaten

600 g Kürbiswürfel
2 Schalotten
40 g Butter
Salz, 4 Kardamomkapseln
1 l Rinderbrühe
1 Eigelb
4 EL Sahne
60 g gekochter Schinken

Anrichten

Die Suppe in Suppentassen füllen und mit dem in feine Streifen geschnittenen Schinken bestreuen.

Hinweis

Verwenden Sie für diese Suppe eine Kürbissorte mit orangefarbigem Fruchtfleisch, die wieder häufiger auf den Märkten angeboten wird.

Die Rinderbrühe soll eine Nachbrühe sein, das heißt: aus Suppenfleisch und Knochen gekocht, die schon einmal zur Suppe verwendet wurden. Sie werden nochmals mit kaltem Wasser angesetzt und ausgekocht. Auch in der Feinen Küche werden diese Brühen verwendet, und zwar zum Auffüllen von gebundenen Suppen, da ihr Eigengeschmack nicht hervorsticht.

Hechtklößchen in Dillrahmsauce

Vorbereiten

Das Hechtfilet und die Sahne gut durchkühlen.

Zubereiten

Für die Hechtklößchen wird das Hechtfilet durch die feine Scheibe des Fleischwolfs getrieben, danach im Mixer püriert. Dazu die eiskalte Sahne langsam, wie Öl bei einer Mayonnaise, in den Mixer einlaufen lassen. Mit Salz, frischgemahlenem weißen Pfeffer und etwas Muskatblüte würzen. Zugedeckt durchkühlen. Anschließend mit einem Eßlöffel 8 Klößchen abstechen und in siedendem Salzwasser vorsichtig garen.

Für den Dillrahm wird zunächst eine Fischbrühe bereitet. Dazu werden die zerkleinerten und gut gewässerten Gräten in Butter ange-

Zutaten

Für die Hechtklößchen:
250 g Hechtfilet
1/4 l süße Sahne
Salz, weißer Pfeffer, Muskatblüte

Für die Dillrahmsauce:
250 g Hecht- und Seezungengräten
20 g Butter

Hechtklößchen in Dillrahmsauce. Rezept Seite 91.

schwitzt. Lauchstreifen, gewürfelte Champignonstiele, Petersilien-und Dillstengel zufügen. Wein und kaltes Wasser angießen und alles auf kleiner Flamme 20-30 Minuten kochen lassen. Danach Gräten und Würzzutaten abpassieren und die Brühe auf etwa 1/4 Liter einkochen lassen. Den Sauerrahm einrühren, leicht einkochen lassen und mit Salz und weißem Pfeffer würzen. Um einen kräftigen Dillgeschmack und eine frische grüne Farbe zu erzielen, rühren Sie den gehackten Dill erst zum Schluß in die Rahmsauce und lassen diese nicht mehr kochen.

2 EL Lauchstreifen
(nur das Weiße)
2 EL gehackte Champignonstiele
Einige Petersilien- und Dillstengel
4 EL trockener Weißwein
1/2 l Wasser
3/8 l Sauerrahm
Salz, weißer Pfeffer
2 EL Dill

Anrichten

Die Hechtklößchen mit der Dillrahmsauce überziehen und mit je einem gezupften Dillblättchen garnieren.

Hinweis

Als üppigere Garnitur können Sie frische Krebsschwänze verwenden, deren rote Farbe einen hübschen Kontrast zu den weißen Klößchen und der grünen Sauce bildet. Wenn Sie Krebsbutter zur Verfügung haben, dann versuchen Sie folgende Variante: Anstelle von Dill schwenken Sie kalte Krebsbutterflocken in die Rahmsauce und würzen zusätzlich noch mit einer Spur Cayennepfeffer. Reichen Sie dann Butterreis und einen grünen Salat zu den Hechtklößchen. Somit erhalten Sie ein leichtes und delikates Hauptgericht.

Gefülltes Kraut nach Schwarzwälder Art mit Schupfnudeln

Vorbereiten

Das Kraut putzen und den Strunk ausstechen. In kochendem Salzwasser etwa 10 Minuten blanchieren, kalt abschrecken und die Blätter einzeln abheben. Die Gemüsezwiebel würfeln. Das Brötchen zerschneiden und mit heißer Milch übergießen.

Zubereiten

Die Schinkenwürfel in Butter anbraten, die Zwiebel zufügen und glasig dünsten. Das eingeweichte Brötchen ausdrücken und zusammen mit dem Ei, dem Rindergehackten und dem Schweinemett zu einer lockeren Farce verarbeiten. Die Schinken- und Zwiebelwürfel zufügen. Mit Salz, frischgemahlenem schwarzen Pfeffer und den gehackten Kräutern würzen.

Die Krautblätter auf einem Küchentuch ausbreiten und die zur Kugel geformte Farce daraufsetzen. Die Kohlblätter mit Hilfe des Küchentuches darüberschlagen und andrücken. Ein in der Größe passender Topf wird mit weicher Butter ausgestrichen und mit 5 Rauchspeckscheiben ausgelegt. Darauf wird nun das gefüllte Kraut gesetzt, mit Kümmel bestreut und mit den restlichen Rauchspeckscheiben be-

Zutaten

1 kleiner Weißkohl
1 Gemüsezwiebel
1 Brötchen, etwas Milch
60 g Schinkenwürfel
20 g Butter
1 Ei
125 g Rindergehacktes
125 g Schweinemett
Salz, schwarzer Pfeffer
1 EL Petersilie
2 Blättchen Liebstöckel
10 g Butter
10 Scheiben Schwarzwälder
Rauchspeck
1 TL Kümmel

legt. Die Rinderbrühe angießen und das gefüllte Kraut zugedeckt etwa 45 Minuten im auf 200 Grad vorgeheizten Ofen garen. Anschließend den Deckel abnehmen und noch weitere 10 Minuten im Ofen lassen, bis die Speckscheiben auf dem Kraut kross sind. Das gefüllte Kraut aus dem Topf heben.

Für die Schupfnudeln werden die abgedämpften Kartoffeln noch heiß durch die Kartoffelpresse getrieben. Mit dem Kartoffelmehl und den Eiern zu einem bindenden Teig verarbeiten und mit Salz und geriebenem Muskat würzen. Auf der mit Kartoffelmehl bestäubten Arbeitsplatte rollt man etwa 9 Zentimeter lange, fingerdicke Schupfnudeln. Sie werden in siedendem Salzwasser gegart. Mit der Schaumkelle herausnehmen, abtropfen lassen und in heißer Butter braten.

Für die Schupfnudeln:
1 Pfund gekochte mehlige Kartoffeln
20 g Kartoffelmehl
2 Eier
Salz, Muskat
Kartoffelmehl zum Ausrollen
40 g Butter

Anrichten

Das gefüllte Kraut auf einer runden Platte anrichten und mit den Schupfnudeln umlegen.

Traubenstrudel

Vorbereiten

Die Weintrauben werden gewaschen, halbiert und entkernt. Die Eier trennen.

Zubereiten

Den Quark passieren und mit der Milch, dem Zucker und den Eidottern glattrühren. Etwas Salz und die abgeriebene Zitronenschale zufügen. Danach die Trauben und die geschlagenen 4 Eiweiß unterheben. Die Masse auf den ausgezogenen Strudelteig streichen. Beim Aufrollen wird der Teig innen und außen mit geschmolzener Butter bestrichen. Den Strudel mit dem Teigschluß nach unten auf ein gefettetes Blech setzen. Mit der restlichen geschmolzenen Butter bestreichen. Etwa 60 Minuten bei 200 Grad backen.

Zutaten

Strudelteig
(Grundrezept Seite 148)

Für die Füllung:
500 g Weintrauben
4 Eier
500 g Quark
1/8 l Milch
125 g Zucker
Salz, abgeriebene Schale einer ungespritzten Zitrone
100 g Butter
Puderzucker zum Bestäuben

Anrichten

Mit Puderzucker bestreuen und lauwarm servieren.

Hinweis

Begrenzen Sie den Strudel seitlich mit Streifen aus gefalzter Alufolie, damit er nicht in die Breite, sondern in die Höhe geht.

Weinempfehlung

Zu den Hechtklößchen empfehle ich einen 1981er Blankenhornsberger Silvaner Kabinett trocken vom Versuchs- und Lehrgut Blankenhornsberg, Ihringen am Kaiserstuhl, und zu dem gefüllten Kraut einen 1981er Hex vom Dasenstein Badisch Rotgold Kabinett der Winzergenossenschaft Kappelrodeck, Baden.

Eclairs mit Räucherfischmus und Ingwer-Äpfeln

Zubereiten

Aus den angegebenen Zutaten einen Brandteig nach dem Grundrezept auf Seite 148 bereiten. Mit Spritzsack und Sterntülle etwa 4 Zentimeter lange Eclairs auf ein Backblech spritzen, mit dem verquirlten Ei bestreichen und bei 200 Grad etwa 20 Minuten backen. Nach dem Erkalten aufschneiden.

Für das Räucherfischmus wird der Schellfisch von Haut und Gräten befreit und im Mixer püriert. Den Wein erhitzen und die eingeweichte und ausgedrückte Gelatine darin auflösen. Das Weingelee abkühlen lassen und mit dem Räucherfischpüree vermischen. Die Sahne schlagen und unter die Mischung ziehen. Die aufgeschnittenen Eclairs mit dem Räucherfischmus füllen.

Die Äpfel schälen und die Kerngehäuse ausstechen. Die Äpfel in 1 Zentimeter dicke Ringe schneiden. Das Wasser mit Zucker und Zitronensaft aufkochen und das Ingwerpulver zufügen. Die Apfelringe hineinlegen und vorsichtig weichdünsten. In der Pochierflüssigkeit erkalten lassen, herausnehmen und halbieren.

Zutaten

Für den Brandteig:
1/4 l Wasser
100 g Butter
1 Prise Zucker, 1 Prise Salz
4 Eier
1 verquirltes Ei zum Bestreichen

Für das Räucherfischmus:
400 g geräucherter Schellfisch
1/8 l trockener Weißwein
4 Blatt Gelatine
1/4 l süße Sahne

Für die Ingwer-Äpfel:
6 aromatische Äpfel (Cox Orange)
1/4 l Wasser
60 g Zucker, 1 TL Zitronensaft
1 TL Ingwerpulver

Anrichten

Je ein gefülltes Eclair neben eine halbierte Apfelscheibe legen.

Klare Tomatenbrühe

Zubereiten

Die Tomaten in kleine Würfel schneiden und mit den leicht verquirlten Eiweiß mischen. Die Schalotten würfeln und die Bleichsellerie in feine Scheiben schneiden. Schalotten, Bleichsellerie und Kerbelstiele in der Butter glasig dünsten, aber keine Farbe annehmen lassen.

Zutaten

2 Pfund Tomaten
4 Eiweiß
4 Schalotten, 1 Stiel Bleichsellerie
Einige Kerbelstiele

Die kalte Brühe zugießen und die Tomaten-Eiweiß-Mischung sowie Liebstöckel und Pfefferkörner zufügen. Langsam aufkochen lassen. Den Wein zufügen. Ein Sieb mit einem Passiertuch auslegen und die Brühe durchseihen.

20 g Butter
1 l Hühnerbrühe
(Grundrezept Seite 146)
1/8 l trockener Weißwein
1 Blättchen Liebstöckel
Einige Pfefferkörner
1 EL gehackter Kerbel

Anrichten

Sehr heiß in kleinen Teegläsern servieren und nach Belieben mit gehacktem Kerbel bestreuen.

Gefüllte Wachteln auf Weinbeeren

Vorbereiten

Die Wachteln vom Rücken her ausbeinen. Dazu schneidet man die Rückenhaut am Rückgrat entlang auf und löst Haut und Fleisch von den Rückenknochen ab. Flügel- und Schenkelgelenke von der Karkasse abtrennen und Brust- und Bauchfleisch ablösen. Das Brustbein aus dem Fleisch schälen sowie Flügel- und Schenkelknochen auslösen.

Zubereiten

Die entbeinten Wachteln salzen und pfeffern. Ihre Innenseiten mit den verquirlten Eigelben bestreichen. Jede Wachtel mit 40 Gramm Gänseleberparfait füllen, zur Kugel formen und in Alufolie einschlagen, die zuvor mit weicher Butter ausgestrichen wurde. Etwa 12 Minuten im 240 Grad heißen Ofen garen. Herausnehmen, in der Folie erkalten lassen und anschließend mit dem Elektromesser halbieren.

Die Muskatellertrauben halbieren und entkernen. Die Gelatine einweichen, ausdrücken und im erhitzten Muskatellerwein auflösen.

Die Böden von 12 Becherförmchen mit Muskatellergelee ausgießen und mit halbierten Trauben belegen. Je eine Wachtelhälfte einlegen. Mit den restlichen Trauben und dem Muskatellergelee auffüllen.

Zutaten

6 Wachteln
Salz, Pfeffer
2 Eigelbe
240 g Gänseleberparfait
40 g Butter
250 g Muskatellertrauben
12 Blatt Gelatine
1/2 Flasche Muskatellerwein

Anrichten

Die Becherförmchen kurz in heißes Wasser tauchen, stürzen und auf einer großen Platte anrichten.

Geeister Quittenschaum

Zubereiten

Den Zucker mit dem Rotwein, der Zimtstange und den Nelken kochen, bis die Flüssigkeit große Blasen wirft. Das gewürfelte Quittenfleisch zufügen und unter ständigem Rühren etwa 20 Minuten bei mäßiger Hitze kochen. Beim Abkühlen gelieren die Quitten.

Die Sahne und die beiden Eiweiß getrennt steifschlagen. Zuerst die Sahne, dann den Eischnee vorsichtig unter die abgekühlten Rotweinquitten heben. In Becherförmchen füllen, mit Alufolie bedecken und tiefgefrieren.

Anrichten

Die Förmchen kurz in heißes Wasser tauchen und den Quittenschaum auf Dessertteller stürzen. Leicht mit Zimt bestäuben.

Zutaten

250 g Zucker
1/8 l Rotwein
1 Zimtstange, 2 Nelken
300 g gewürfelte Quitten
1/4 l süße Sahne
2 Eiweiß
1 TL gemahlener Zimt

Hinweis

Quitten sind zugegebenermaßen ein schwieriges Obst. Sie haben ein hartes Fruchtfleisch, das roh nicht genießbar ist. Daran mag es liegen, daß man sie heute selten verwendet. Doch den duftenden Früchten sagt man magenstärkende Eigenschaften nach, und sie ergeben ein köstliches Gelee, das sich auch als Beilage zu Wild hervorragend eignet.

Zum Damentee wird üblicherweise Tee und Gebäck gereicht. Ihre Gäste werden diese Art der Bewirtung sicher als eine überraschende und elegante Abweichung von der Regel empfinden und sich an einen englischen »High Tea« erinnert fühlen.

Weinempfehlung

Ich empfehle Ihnen folgende Weine: einen 1980er Wachenheimer Fuchsmantel Scheurebe Auslese vom Weingut Karl Schaefer, Bad Dürkheim, und einen 1976er Käfersberger Muskateller Auslese, St. Andreas Hospitalfond, vom Weingut der Stadt Offenburg, Ortenberg in Baden.

Geeister Quittenschaum. Rezept Seite 97.

Wildkraftbrühe mit Rehleberklößchen

Zutaten

2 l Wildkraftbrühe
(Grundrezept Seite 147)

Für die Rehleberklößchen:
125 g Rehleber
1 Brötchen, etwas Milch
1 Ei
1 TL Majoran
1 Schalotte
20 g Butter
Piment, Pfeffer, Salz
Etwas Paniermehl

Zubereiten

Die Wildkraftbrühe klären und entfetten.

Für die Rehleberklößchen wird die Rehleber enthäutet und geschabt oder durch die feine Scheibe des Fleischwolfs getrieben. Das Brötchen entrinden, zerschneiden, mit heißer Milch übergießen und ausdrücken. Leber und Brötchen miteinander vermischen und die Masse mit dem Ei binden. Den Majoran in einer trockenen Pfanne zur Geschmacksintensivierung leicht anrösten und in die Masse geben. Die Schalotte sehr fein schneiden, in der Butter weichdünsten, aber keine Farbe annehmen lassen. Anschließend mit der Lebermasse vermischen. Diese wird mit frischgemahlenem Piment, Pfeffer und Salz gewürzt und, falls sie zu locker sein sollte, mit etwas feinem Paniermehl gefestigt. Etwa 30 Minuten quellen lassen.

Danach mit zwei Teelöffeln kleine Klößchen abstechen. Dazu taucht man die Löffel in heißes Wasser, sticht mit dem einen etwas Farce ab, die man nach oben gewölbt glättet. Mit dem zweiten, ebenfalls in heißes Wasser getauchten Löffel faßt man unter das Klößchen und streift es, ohne daß es dabei die Form verliert, in siedendes Salzwasser. Die Klößchen werden etwa 5 Minuten gegart, danach mit der Schaumkelle herausgenommen. Gut abtropfen lassen.

Anrichten

Die Klößchen in die Suppentassen legen und mit heißer Wildkraftbrühe auffüllen und sofort auftragen. Weder Schnittlauch noch gehackte Petersilie zufügen.

Donauwaller mit Walnußbutter

Vorbereiten

Aus dem Mittelstück des Wallers 6 Querscheiben schneiden. Den Lauch putzen, waschen und in Streifen schneiden.

Zutaten

6 Scheiben Donauwaller
zu je 150 g
2 Stangen Lauch
Salz, einige Pfefferkörner

Zubereiten

Einen weiten, flachen Topf mit Lauchstreifen ausstreuen. Salz, zerstoßene Pfefferkörner sowie Wasser, Wein und einen Spritzer Essig

Wildkraftbrühe mit Rehleberklößchen. Rezept Seite 99.

zufügen und aufkochen. Die leicht gesalzenen Wallerscheiben einlegen und in etwa 10 Minuten garziehen lassen.

Die Walnußkerne zerkleinern. Die Butter schmelzen und kurz vor ihrem Aufschäumen die Walnußkerne zufügen.

3/4 l Wasser
1/4 l trockener Weißwein
1 Spritzer Essig

Für die Walnußbutter:
12 Walnußkerne
200 g Butter

Anrichten

Die Wallerscheiben auf Tellern anrichten, mit einigen Lauchstreifen umlegen und mit etwas heißer Walnußbutter begießen. Die restliche Butter getrennt dazu reichen. Nach Belieben einige Salzkartoffeln beilegen.

Frischlingsrücken mit Kastanienpüree und Kartoffelnocken

Zubereiten

Der Frischlingsrücken wird am Knochen belassen und mit Wildgewürzsalz eingerieben. Butterschmalz in einem Eisenbräter auslassen, die zerschnittenen Zwiebeln und Knoblauchzehen sowie die Speckschwarte zufügen. Das Fleisch hineinlegen und den Bräter in den auf 250 Grad vorgeheizten Backofen schieben. Das Fleisch wird etwa 35 Minuten gebraten; es soll am Knochen noch rosa sein. Herausnehmen, in Alufolie wickeln und mindestens 15 Minuten ruhen lassen.

Für die Sauce wird das Bratenfett abgegossen und der Bräter zurück auf den Herd gestellt. Den Bratensatz vom Topfboden lösen, mit einer Tasse kaltem Wasser auffüllen und auf lebhaftem Feuer fast ganz einkochen lassen. Wieder mit etwa 3/8 Liter kaltem Wasser aufgießen und leicht einkochen lassen. Das Blutwürstchen abziehen, zerkleinern und in die Flüssigkeit rühren, um diese zu binden. Die Sauce anschließend durch ein Sieb passieren.

Für das Kastanienpüree werden die Eßkastanien kreuzweise eingeschnitten, einige Minuten blanchiert und von ihren beiden Häuten befreit. Die geschälten Kastanien werden abgespült. Die kleingeschnittenen Schalotten in der Butter weichdünsten. Sie dürfen keine Farbe annehmen. Die Kastanien zufügen, salzen und mit der Brühe eben bedecken. Zugedeckt in etwa 20 Minuten weichkochen. Im Mixer mit der Sahne pürieren. Mit Hilfe des Spritzbeutels auf die gedünsteten Apfelscheiben geben.

Für die Kartoffelnocken werden die Kartoffeln geschält und gerieben. Die Masse wird anschließend in ein Sieb gegeben, das mit einem Tuch ausgelegt ist, und gut ausgepreßt. Schnell arbeiten, damit sich die Kartoffeln nicht verfärben. Die

Zutaten

4 Pfund Frischlingsrücken
Wildgewürzsalz
(Grundrezept Seite 149)
50 g Butterschmalz
3 Zwiebeln, 2 Knoblauchzehen
1 Speckschwarte
1 Hausmacher-Blutwurst zu 125 g

Für das Kastanienpüree:
350 g Eßkastanien
2 Schalotten
20 g Butter
Salz
1/4 l Fleischbrühe
4 EL süße Sahne
6 gedünstete Apfelscheiben

Für die Kartoffelnocken:
3 Pfund Kartoffeln
3 Eier
3 EL Kartoffelmehl
1 Knoblauchzehe, Salz
2 EL Petersilie, 1 TL Majoran

Anrichten

ausgedrückte Kartoffelmasse mit den Eiern, dem Kartoffelmehl und der mit Salz zerdrückten Knoblauchzehe vermischen. Mit gehackter Petersilie und Majoran würzen. Mit einem Eßlöffel etwa 5 Zentimeter lange Nocken abstechen und in siedendes Salzwasser geben. Die Nocken brauchen nicht geglättet zu werden; sie sollen »wild« aussehen. In etwa 25 Minuten sind sie gar und innen noch leicht kernig.

Den Frischlingsrücken tranchieren und auf einer ovalen Platte anrichten. Die Apfelscheiben mit dem Kastanienpüree seitlich daneben legen. Die Kartoffelnocken und die Sauce getrennt dazu reichen.

Hinweis

Zum Braten eignen sich nur junge Wildschweine. Ich bereite dazu keine Rahmsaucen. Ein klarer Bratensaft ohne Wein und Cognac oder eine mit Schweinsblut gebundene Sauce unterstreicht den Charakter dieses Wildes besser. Statt Blut können Sie ein frisches Blutwürstchen verwenden, das sich angenehmer verarbeiten läßt.

Hagebuttensorbet

Zubereiten

Die 4 Eiweiß mit dem Zucker steifschlagen. Das Zitroneneis mit dem Sekt und der Hagebuttenmarmelade verrühren. Das geschlagene Eiweiß vorsichtig unter die Masse ziehen. In Sektschalen füllen und bis zum Servieren ins Zwei-Sterne-Fach des Kühlschranks stellen.

Anrichten

Mit frischen Hagebutten garnieren und auftragen.

Zutaten

4 Eiweiß
40 g Zucker
8 Kugeln Zitroneneis
1/4 l Sekt
200 g Hagebuttenmarmelade
6 frische Hagebutten

Hinweis

Als Variante können Sie eine Preiselbeerkonfitüre verwenden.

Weinempfehlung

Zum Donauwaller empfehle ich einen 1981 Hochheimer Domdechaney Riesling Kabinett vom Domdechant Werner'schen Weingut, Hochheim am Main, und zum Frischlingsrücken einen 1977er Aßmannshäuser Hölle Spätburgunder Auslese vom Staatsweingut Eltville.

Gedämpftes Rebhuhn, Schwarzwälder Rauchspeck, Kasseler Rippenspeer, Kalbsbratwürste und Leberknödel auf Sauerkraut mit Erbs- und Kartoffelpüree

Vorbereiten

Die getrockneten Erbsen waschen, mit kaltem Wasser bedecken und über Nacht einweichen.

Zubereiten

Die Erbsen im Einweichwasser aufs Feuer setzen und ohne Salz aufkochen. Nach etwa einstündigem Kochen auf kleiner Flamme wird die Rauchspeckbrühe angegossen, und die Erbsen werden weichgekocht. Im Mixer mit der Sahne und der Hälfte der Butter pürieren und mit Salz und Pfeffer abschmecken. Die Zwiebel in Ringe schneiden, in der restlichen Butter bräunen und kurz vor dem Anrichten über das Erbsenpüree geben.

Inzwischen werden die beiden Rebhühner gewaschen, trockengetupft und halbiert. Mit Salz und Pfeffer bestreuen. In einem Eisenbräter Butterschmalz erhitzen und darin die Rebhuhnhälften von beiden Seiten kurz anbraten. Die Gemüsewürfel zufügen, etwas Wasser angießen und die Rebhühner zugedeckt in etwa 1 Stunde weichschmoren. Vor dem Servieren werden die Knochen von der Innenseite her vorsichtig ausgelöst. Schenkel und Flügel jedoch nicht entbeinen.

Der Rauchspeck wird etwa 40 Minuten gekocht und anschließend in 4 Scheiben geschnitten. Die Speckbrühe verwenden Sie zum Aufgießen des Erbsenpürees.

Das Kasseler Rippenspeer wird mit frischgemahlenem Pfeffer bestreut und in einer mit etwas weicher Butter ausgestrichenen feuerfesten

Zutaten

Für das Erbsenpüree:
350 g geschälte Trockenerbsen
1/4 l Rauchspeckbrühe
4 EL süße Sahne
40 g Butter
Salz, Pfeffer
1 Zwiebel

Für die Fleischbeilagen:
2 jährige Rebhühner
Salz, Pfeffer
50 g Butterschmalz
2 EL gehackte Zwiebel
1 EL kleine Karottenwürfel
1 EL kleine Selleriewürfel
300 g Schwarzwälder Rauchspeck
1/2 l Wasser
750 g Kasseler Rippenspeer
4 Kalbsbratwürste
1/8 l Milch
20 g Butter

Form in den 220 Grad heißen Ofen geschoben und in etwa 30 Minuten gegart.

Die Kalbsbratwürste werden durch Milch gezogen und in Butter auf kleiner Flamme goldbraun gebraten.

Für die Leberknödel, die locker und nicht fest sein sollen, wird die Leber durch die feine Scheibe des Fleischwolfs getrieben. Die Brötchen werden zerschnitten, mit der heißen Milch übergossen und nach dem Quellen ausgepreßt. Die Zwiebel würfeln, in der Butter glasig dünsten und den Majoran zufügen. Schließlich werden Leber, Brötchen und das Zwiebel-Majoran-Gemisch mit dem Ei und dem Paniermehl vermengt, aber nicht verknetet. Mit Salz, Pfeffer, gehackter Petersilie und abgeriebener Zitronenschale würzen. Zugedeckt etwa 20 Minuten quellen lassen. Danach einen kleinen Probekloß in siedendem Wasser kochen. Wird er zu lokker, noch etwas Paniermehl in die Masse einarbeiten, wird er zu fest, die Masse mit etwas Sahne lockern. Anschließend nicht zu große Knödel formen, die in siedendem Salzwasser etwa 12 Minuten gegart werden.

Das Sauerkraut muß ein zartes Delikateßkraut sein, das während der kurzen Garzeit von etwa 25 Minuten seine helle Farbe nicht verlieren soll. Pressen Sie das Kraut aus, aber waschen Sie es nicht. Danach mit einer Gabel lockern. Die Schalotten würfeln und in Gänseschmalz glasig dünsten, aber keine Farbe annehmen lassen. Das zerzupfte Kraut zufügen und den Wein angießen. Mit Zucker und Wacholderbeeren würzen und zugedeckt kochen. Achten Sie darauf, daß das Kraut nicht anbrennt und daß es stets feucht ist, damit es seine helle Farbe behält.

Salz, Pfeffer
1 EL gehackte Petersilie
die abgeriebene Schale von 1/2 Zitrone

Für die Leberknödel:
150 g Jungschweinleber
2 altbackene Brötchen
1/8 l heiße Milch
1 Zwiebel
20 g Butter
1 TL Majoran
1 Ei
2 EL Paniermehl

Für das Sauerkraut:
2 Pfund Sauerkraut
4 Schalotten
2 EL Gänseschmalz
3/8 l trockener Weißwein
1 TL Zucker, 10 Wacholderbeeren

Anrichten

Richten Sie das Sauerkraut auf einer großen Platte an. Belegen Sie es mit den ausgebeinten Rebhuhnhälften und garnieren Sie es mit Scheiben von gekochtem Rauchspeck und Kasseler Rippenspeer, den Kalbsbratwürsten und Leberknödeln. Reichen Sie das Erbsenpüree und ein Kartoffelpüree (Rezept Seite 86) sowie den entfetteten Bratensaft der Rebhühner gesondert dazu.

Hinweis

Für dieses Gericht verwende ich ältere Rebhühner, die man an den grauschwarzen Schnäbeln und Füßen, oder Ständern, erkennt. Junge Tiere haben helle bis bräunliche Ständer und einen schwarzen Schnabel. Sie gelten als eines der edelsten Wildgeflügel und werden stets gebraten.

Als Abschluß eines solchen Essens serviere ich gern einen Renchtäler Rahmkäse, das ist ein frischer Bauernkäse aus dem Renchtal, den ich mit Trauben, Nüssen und Laugenbrezeln garniere.

Getränkeempfehlung

Servieren Sie zum garnierten Sauerkraut einen trockenen Badischen Riesling oder ein gutes Pils und einen Obstbranntwein.

Renchtäler Rahmkäse mit Trauben, Nüssen und Laugenbrezeln

Gänsekleinsuppe

Vorbereiten

Das Gänseklein blanchieren und abtropfen lassen. Zwiebeln und Knoblauchzehen schälen und klein schneiden.

Zubereiten

Das Gänseklein mit den kleingeschnittenen Zwiebeln und Knoblauchzehen in 2 Liter Wasser aufsetzen, mit Salz und gemahlenem Ingwer würzen und auf kleiner Flamme weichkochen. Anschließend wird das Gänseklein herausgenommen. Das Mehl mit etwas Wasser anrühren und die Suppe damit binden. Diese wird nun samt Zwiebel- und Knoblauchstückchen im Mixer glattgerührt und zurück auf den Herd gegeben.

Inzwischen hat sich das Gänseklein abgekühlt. Der Magen wird abgezogen, zusammen mit dem Herzen in Würfel geschnitten und zurück in die Suppe gegeben. Das Fleisch von den Knochen lösen, mit der Haut durch die grobe Scheibe des Fleischwolfs treiben und ebenfalls zurück in die Suppe geben.

Zutaten

Gänseklein (Hals, Flügel, Magen, Herz)
2 Zwiebeln, 3 Knoblauchzehen
2 l Wasser
Salz, 2 TL gemahlener Ingwer
2 EL Mehl
1 EL gehackte Petersilie

Anrichten

In einer Terrine, mit Petersilie leicht bestreut, auftragen.

Hinweis

Dies ist ein Rezept, das ich vor Jahren von jüdischen Nachbarn bekommen habe. Die verschiedenen Aromen von Ingwer, Knoblauch, Zwiebel und Gans ergeben eine überraschende Geschmacksharmonie.

Auflauf von Petersilien- und Pastinakwurzeln

Zubereiten

Die geschälten und geputzten Wurzeln in Salzwasser weichkochen. Danach abtropfen lassen und im Mixer pürieren.

Die Béchamelsauce wird dick gehalten, da sie das Püree binden soll. Die Milch aufkochen und darin, abseits des Feuers, die in Scheiben geschnittene Zwiebel und einige zerdrückte Pfefferkörner ausziehen

Zutaten

500 g Petersilienwurzeln
500 g Pastinakwurzeln
Salz
4 Eiweiß
6 Scheiben Frühstücksspeck

lassen. Inzwischen schmilzt man die Butter über mittlerer Hitze in einer Kasserolle und rührt das Mehl hinein. Etwa 1 Minute schwitzen, aber keine Farbe annehmen lassen. Durch ein Sieb wird nun die Milch in die Mehlschwitze gegossen. Unter Rühren aufkochen und noch etwa 4 Minuten auf kleiner Flamme weiterkochen lassen. Die fertige Béchamelsauce im Mixer mit dem Püree vermischen. Mit Salz abschmecken.

Die Eiweiß leicht salzen und zu steifem Schnee schlagen, der vorsichtig unter das gebundene Wurzelpüree gehoben wird. Die Masse nun in 6 gebutterte Auflaufförmchen verteilen und in den auf 200 Grad vorgeheizten Ofen geben. Etwa 25 Minuten backen.

Den Frühstücksspeck kroß braten und auf einem Rost oder auf Küchenpapier entfetten.

Für die Béchamelsauce:
1/4 l Milch
1 kleine Zwiebel
Einige Pfefferkörner
50 g Butter
50 g Mehl, Salz

Anrichten

Die Auflaufförmchen werden auf Mittelteller gesetzt. Je eine Scheibe gebratenen Frühstücksspeck darauflegen und sofort auftragen.

Hinweis

Pastinaken sind ein Wurzelgemüse, das schon die Römer schätzten, das aber bei uns in Vergessenheit geraten ist. Der würzig-süße Geschmack der winterharten Wurzel liegt zwischen dem der Möhre und dem der Petersilienwurzel. In Frankreich gehören Pastinaken noch heute zum Pot-au-feu.

Martinsgans mit Äpfeln, Weinkraut und Kartoffelklößen

Vorbereiten

Falls nötig, die Gans absengen und alle noch in der Haut verbliebenen Federkiele mit einer Pinzette herausziehen. Die Gans innen und außen waschen und trockentupfen.

Zubereiten

Die Gans wird innen und außen mit Salz und frischgemahlenem Pfeffer eingerieben. In die Fettpfanne etwa 1 Zentimeter hoch heißes Wasser gießen, die Gans hineinsetzen und in den auf 220 Grad vorgeheizten Ofen schieben. Das Wasser verdampft, brüht das Fett heraus, und die Gans trocknet nicht aus. Nach etwa 20 Minuten 6 halbierte Zwiebeln dazugeben. Während des Bratens wird die Gans mehrmals gewendet und sorgfältig mit ihrem Bratensaft begossen. Da die Martinsgans eine Junggans ist, sollte sie nach etwa 1 1/2 Stunden weichgebraten sein. Zur Garprobe in die Keule stechen: der austretende Fleischsaft muß klar sein, nicht mehr rosa.

Die Äpfel schälen und ihre Kerngehäuse ausstechen. In Weißwein weichdünsten und nach dem Erkalten mit Preiselbeerkonfitüre füllen.

Das Sauerkraut wird nur aus-

Zutaten

1 Gans von 6–7 Pfund
Salz, Pfeffer, 6 Zwiebeln
6 Äpfel
1/4 l Weißwein
6 EL Preiselbeerkonfitüre

Für das Weinkraut:
2 Pfund Sauerkraut
2 EL Gänseschmalz
4 Schalotten
Einige Wacholderbeeren
3/8 l Weißwein
Salz, 1 TL Zucker
2 Zitronenscheiben

Für die Kartoffelklöße:
3 Pfund mehlige Kartoffeln
20 g Butter

gedrückt, nicht gewaschen, und anschließend mit einer Gabel gelokkert. Mit Gänseschmalz, 4 feingeschnittenen Schalotten und einigen Wacholderbeeren aufsetzen und mit 3/8 Liter Wein übergießen. Mit etwas Salz und Zucker würzen und mit 2 dünnen Scheiben einer unbehandelten Zitrone belegen. Im geschlossenen Topf etwa 25 Minuten dünsten.

Für die Kartoffelklöße werden Pellkartoffeln vom Vortag durch die Kartoffelpresse getrieben. In der Butter die Zwiebel- und Rauchspeckwürfel glasig braten, ohne daß sie Farbe annehmen. Die durchgepreßten Kartoffeln mit den Zwiebel- und Rauchspeckwürfeln, der gehackten Petersilie, den Eiern und dem Mehl vermischen, salzen und gut durcharbeiten. Runde

2 Zwiebeln
80 g Rauchspeckwürfel
1 EL Petersilie
2 Eier
2 EL Mehl
Salz
Etwas Kartoffelmehl

Klöße formen und in Kartoffelmehl wälzen; das bewirkt, daß sie beim Kochen eine glatte Oberfläche bekommen. Die Klöße in siedendes Salzwasser legen. Wenn sie an die Oberfläche steigen, sind sie gar.

Anrichten

Die Gans halbieren und die Knochen von innen vorsichtig auslösen. Jede Hälfte in 3 Portionen teilen, auf einer großen Platte anrichten und mit den gefüllten Äpfeln umlegen. Das Weinkraut, die Kartoffelklöße und die klare, entfettete Bratensauce werden getrennt gereicht.

Hinweis

Noch heute wird besonders in ländlichen Gegenden Martini, der 11. November, mit einem Gänsebraten festlich begangen, denn die Feldarbeit ist beendet und der Wein gekeltert. Vor allem schmecken jetzt die jungen Gänse am besten. Ich reiche zur Martinsgans gern noch Eßkastanien – nicht glaciert, sondern in Gänseschmalz mit feingehackter Zwiebel angesetzt, mit Salz und 1 Prise Zucker gewürzt und in wenig Wasser weichgedämpft.

Birnen nach Schloßherrin-Art

Zubereiten

Die Birnen werden geschält, halbiert und entkernt. Wasser und Zukker zusammen aufkochen. Den Wein und die Gewürze zufügen. Die Birnenhälften einlegen und gar ziehen lassen. Herausnehmen und sternförmig in eine Glasschale legen.

Die Pochierflüssigkeit auf einen knappen halben Liter einkochen. Die Gelatine einweichen, ausdrükken und in der heißen Flüssigkeit auflösen. Abkühlen lassen und kurz vor dem Gelieren den Cherry Brandy zufügen. Die Birnenhälften mit dem noch flüssigen Gelee überziehen. Im Kühlschrank erstarren lassen. Die Mandelblätter in der trockenen Pfanne vorsichtig anrösten.

Zutaten

6 feine Tafelbirnen
1/4 l Wasser
125 g Zucker
1/2 l Rotwein
1/2 Zimtstange, 4 Nelken
Etwas Zitronenschale
5 Blatt Gelatine
1 Likörglas Cherry Brandy
3 EL Mandelblätter

Anrichten

Servieren Sie die Birnen gut gekühlt und mit Mandelblättern bestreut.

Weinempfehlung

Zu der Gänsekleinsuppe und dem Pastinakauflauf empfehle ich einen 1980er Blankenhornsberger Nobling Kabinett trocken aus dem Versuchs- und Lehrgut Blankenhornsberg in Ihringen am Kaiserstuhl. Zur Martinsgans können Sie einen 1978er Walporzheimer Domlay Spätburgunder Auslese trocken aus dem Weingut Domherrenhof, Hans Brogsitter, in Walporzheim an der Ahr, reichen.

Martinsgans mit Äpfeln, Weinkraut und Kartoffelklößen. Rezept Seite 107.

Im Wingert Eckberg oberhalb von Baden-Baden

Menüs im Winter

Erstes Wintermenü

Entenmus
Grüne Erbsensuppe
Wildhasenschäufele mit
Semmelknödeln
Auflaufkrapfen

Zweites Wintermenü

Grünkernblinis mit Sauerrahm
und Kaviar
Rote Rübensuppe
Kulibiak
Creme Nesselrode

Drittes Wintermenü

Wildpüreesuppe
Kalbshirnauflauf
Vierländer Ente mit Sauerkirschen
Schneeballen in Vanillesauce

Viertes Wintermenü

Schinkenmus in Madeiragelee
Kartoffelrahmsuppe
Gefülltes Schweinekotelett mit
Robertsauce
Apfelküchlein

Weihnachtsmenü

Fasanenkraftbrühe
Kalbsbriesmedaillons mit
Krebsschwänzen
Rehrücken Schloß Staufenberg
Kabinettpudding

Sylvesteressen

Hasenfiletpastete mit Apfelsalat
Steinpilzessenz
Gefüllter Karpfen
Quittenpfannkuchen

Neujahrsmenü

Aalpastete mit Sauerrahm
Doppelte Rinderkraftbrühe
Fasan nach Winzerin-Art
Haselnußcreme mit Preiselbeeren

Fastnachtbüfett

Tatartorte Werner Fischer
Gulaschsuppe
Schnecken im Häuschen
Narrenwurst mit Bearner Sauce
Scherben und Mutzenmandeln

Entenmus

Zubereiten

Die bratfertige Ente waschen und trocken tupfen. Mit Salz und Pfeffer innen und außen einreiben. In einen Eisenbräter geben, der mit weicher Butter ausgestrichen wurde, und im auf 250 Grad vorgeheizten Ofen in etwa 30 Minuten rosig braten. Herausnehmen, zudecken und nachziehen lassen.

Unterdessen die rohe Leber etwa 3–4 Minuten in siedendes Salzwasser legen, herausnehmen und abtropfen lassen.

Die Ente noch warm entbeinen. Die Brust würfeln und zurückbehalten. Das übrige Fleisch zusammen mit der Leber und dem Bratenfett im Mixer pürieren. Mit Pasteten-Gewürzsalz und einem Glas Cognac würzen. Zuletzt die Brustfleischwürfel und die grünen Pfefferkörner unter die Masse ziehen. In eine Terrine füllen und einen Tag durchziehen lassen.

Zutaten

1 junge Ente von etwa 3 Pfund
Salz, Pfeffer
30 g Butter
1 Entenleber
Pasteten-Gewürzsalz
(Grundrezept Seite 149)
1 Glas Cognac
1 EL grüne Pfefferkörner

Anrichten

Stechen Sie pro Person ein etwa eigroßes Stück von dem Mus ab und servieren Sie es mit einem gebutterten Toaststreifen.

Hinweis

Dieses köstliche Entenmus ist – dank moderner Küchentechnik – schnell und unkompliziert zuzubereiten. Wenn Sie extravagant sein wollen, nehmen Sie eine fein gewürfelte Trüffel statt der Pfefferkörner. Streuen Sie dann auch einige Trüffelstreifen auf das Mus.

Grüne Erbsensuppe mit Schweinskopfwürfeln

Vorbereiten

Die Erbsen waschen und über Nacht in 1 1/2 Liter kaltem Wasser einweichen. Den Schweinskopf wässern.

Zutaten

350 g getrocknete grüne Erbsen
1 1/2 l Wasser
1/2 mild gepökelter Schweinskopf

Zubereiten

Den Schweinskopf mit Wasser bedeckt zum Kochen bringen und abschäumen. Zwiebelringe, Lorbeer-

Entenmus mit Trüffelstreifen

blätter und die grob zerstoßenen Korianderkörner zufügen, und das Fleisch auf kleiner Flamme weichkochen. Anschließend aus der Brühe nehmen, das Fleisch vom Knochen lösen und würfeln. Etwa 8 Eßlöffel Fleischwürfel als Suppeneinlage zurückbehalten und das restliche Fleisch zu einer Sülze verwenden.

Porreestreifen und Selleriewürfel in der Butter anschwitzen, ohne daß sie Farbe annehmen. Die Erbsen mit ihrem Einweichwasser zufügen

2 Zwiebeln, 2 Lorbeerblätter
1 EL Korianderkörner
2 EL Porreestreifen
1 EL Selleriewürfel
20 g Butter
Salz, Pfeffer
1 EL gehackte Petersilie

und ohne Salz weichkochen. Danach im Mixer pürieren und mit der Schweinskopfbrühe auffüllen. Mit Salz und Pfeffer abschmecken.

Anrichten

Die Suppe in eine Terrine gießen, die Schweinskopfwürfel einlegen und die gehackte Petersilie darüberstreuen.

Hinweis

An kalten Wintertagen wird diese wärmende Suppe bei Ihren Gästen sicherlich Anklang finden. Sie eignet sich auch gut zu einem Katerfrühstück.

Wildhasenschäufele mit Semmelknödeln

Vorbereiten

Die Vorderläufe waschen, trocken tupfen und im Gelenk durchschlagen.

Zubereiten

Die Vorderläufe mit Wildgewürzsalz einreiben. In einem Eisenbräter Butterschmalz erhitzen, die Rauchspeckwürfel hineinstreuen und das Fleisch kurz anbraten. Die kleingeschnittenen Zwiebeln und Knoblauchzehen, Karotten- und Selleriewürfel sowie die Gewürze zufügen. Im auf 200 Grad vorgeheizten Ofen etwa 1/2 Stunde weiterbraten. Danach die Läufe herausnehmen, den Bratensatz entfetten, mit Mehl anstäuben und mit Wein und Wasser aufgießen. Die Blutwurst abziehen,

Zutaten

8 Hasenvorderläufe
Wildgewürzsalz
(Grundrezept Seite 149)
40 g Butterschmalz
40 g Rauchspeckwürfel
2 Zwiebeln, 2 Knoblauchzehen
2 EL Karottenwürfel
1 EL Selleriewürfel
1 Lorbeerblatt
Einige Wacholderbeeren
1 EL Mehl
1/2 Flasche Rotwein
1/4 l Wasser
1 Hausmacher-Blutwurst
von 125 g
1 EL Zitronensaft, 1 Prise Zucker
Für die Semmelknödel:
500 g altbackenes Weißbrot
1/4 l Milch
4 Schalotten

zerkleinern und hineinrühren; sie ergibt zusätzliche Bindung und Farbe. Das Fleisch wieder hineingeben und in der Sauce weichschmoren. Anschließend herausnehmen und warmhalten. Die Sauce durch ein Sieb passieren und mit Zitronensaft und 1 Prise Zucker abschmecken.

Für die Semmelknödel wird das Weißbrot entrindet, gewürfelt und mit heißer Milch übergossen. Quellen lassen und ausdrücken.

Unterdessen werden die Schalotten gewürfelt und mit den Rauchspeckwürfeln in der Butter glasig gebraten, ohne daß sie Farbe annehmen. Das Weißbrot wird mit den Schalotten- und Rauchspeckwürfeln, der gehackten Petersilie und den Eiern vermischt und mit Salz gewürzt. Das Paniermehl einarbeiten, um die Masse zu festigen. Einige Minuten quellen lassen. Einen Probeknödel formen und in siedendes Salzwasser einlegen. Verliert er die Form, noch etwas Paniermehl hinzufügen. Mit nassen Händen Knödel formen, in etwas Kartoffelmehl wälzen, damit ihre Oberfläche beim Kochen glatt bleibt und in siedendem Salzwasser etwa 20 Minuten gar ziehen lassen.

50 g Rauchspeckwürfel
20 g Butter
1 EL gehackte Petersilie
3 Eier
Salz
2 EL Paniermehl, Kartoffelmehl

Anrichten

Die Wildhasenschäufele werden in einer Ragoutschüssel angerichtet und mit der Sauce übergossen. Die Semmelknödel und ein Apfelkompott getrennt dazu reichen.

Hinweis

Meiner Meinung nach sind die Vorderläufe, die Schäufele, das beste Fleisch des Hasen. Sie bleiben saftig, während die Keulen trocken werden. Sogar der Rücken wird es, wenn er nur wenige Minuten zu lange gebraten wird.

Auflaufkrapfen in Weinschaumsauce

Zubereiten

Einen Brandteig nach dem Grundrezept (siehe Seite 148) zubereiten, jedoch 2 Eier zusätzlich einarbeiten. Den Teig mit einem Teelöffel abstechen und in der 160 Grad heißen Fritüre backen. Die Krapfen laufen auf und werden leicht und luftig.

Für die Weinschaumsauce den Wein mit Zucker, Eiern, Eigelben und Zitronensaft im Wasserbad aufgeschlagen, danach auf Eiswürfel stellen und kaltschlagen.

Anrichten

Die Auflaufkrapfen in einer Schale anrichten und mit der Weinschaumsauce überziehen.

Zutaten

1/4 l Wasser
100 g Butter
1 Prise Zucker, 1 Prise Salz
125 g Mehl
6 Eier

Für die Weinschaumsauce:
1/8 l Weißwein
100 g Zucker
2 Eier, 2 Eigelbe
Etwas Zitronensaft

Hinweis

Nehmen Sie für die Fritüre ein pflanzliches Plattenfett. Es ist geschmacksneutral und besonders hitzebeständig.

Weinempfehlung

Ich empfehle zu diesem Menü einen 1979er Dürkheimer Feuerberg Spätburgunder Spätlese trocken aus dem Weingut Karl Schaefer, Bad Dürkheim.

Grünkernblinis mit Sauerrahm und Kaviar

Zubereiten

Grünkern- und Weizenmehl in einer Schüssel miteinander vermischen und in die Mitte eine Vertiefung drücken. Die Hefe wird mit dem Zucker in 1/8 Liter lauwarmer Milch aufgelöst und in diese Vertiefung gegossen. Zudecken und an einem warmen Platz etwa 30 Minuten gehen lassen. Anschließend werden die Eier getrennt und der Vorteig mit den beiden Eidottern, 1 Prise Salz und etwa 1/4 Liter lauwarmer Milch zu einem dickflüssigen Pfannkuchenteig gerührt. Diesen wieder zudecken und nochmals etwa 30 Minuten gehen lassen. Zuletzt werden die beiden Eiweiß zu Schnee geschlagen und unter den Teig gezogen. In reichlich Butter Blinis von etwa 8 Zentimeter ausbacken.

Zutaten

150 g Grünkernmehl
30 g Weizenmehl
10 g Hefe
1 gestrichener TL Zucker
3/8 l Milch
2 Eier
Salz
Butter zum Ausbacken
1 kleine Dose Kaviar
1/4 l Sauerrahm

Anrichten

Placieren Sie in die Mitte einer Platte eine Schüssel mit gestoßenem Eis, in die Sie eine Schale mit Kaviar stellen. Richten Sie die Blinis kranzförmig um die Schüssel an, wobei Sie 2-3 Blinis pro Person reichen sollten.

Den Sauerrahm getrennt servieren.

Rote Rübensuppe mit Schinkenstreifen

Zubereiten

Die roten Rüben waschen, schälen und raspeln. Ein reichlicher Liter Rinderbrühe wird mit dem Schinkenknochen aufgesetzt. Die geraspelten roten Rüben zufügen und weichkochen. Mit frischgemahlenem Pfeffer, einigen zerstoßenen Korianderkörnern und einem kleinem Spritzer Essig würzen. Den Schinkenknochen herausnehmen und den in feine Streifen geschnittenen rohen Schinken einlegen.

Zutaten

2 rote Rüben
1 l Rinderbrühe
(Grundrezept Seite 146)
1 Schinkenknochen
Pfeffer, einige Korianderkörner
1 Spritzer Essig

Anrichten

Mit etwas glattblättriger Petersilie bestreuen und auftragen.

Hinweis

Versuchen Sie auch einmal folgende Variation dieser Suppe:

2 Scheiben roher Schinken
Etwas Petersilie

Sie schärfen die Suppe nicht mit Essig, sondern fügen 1/8 Liter Sauerrahm hinzu und rühren die Mischung im Mixer glatt. Vor dem Servieren bestreuen Sie nun diese Rote Rüben-Cremesuppe mit feingeschnittenen Schinkenstreifen.

Kulibiak

Vorbereiten

Eine Terrine von 25 Zentimeter Länge wird zuerst mit Alufolie, danach mit Klarsichtfolie ausgekleidet, und zwar so, daß beide Folien die Ränder der Form überlappen, damit man sie anschließend über die Füllung klappen kann.

Vom Wirsingkohl den Strunk herausschneiden und den Kohlkopf etwa 10 Minuten in kochendem Salzwasser blanchieren. Abtropfen und auskühlen lassen, danach die Blätter einzeln abheben.

Die Eier hartkochen und schälen. Die Eispitzen abschneiden, so daß man die Eier Dotter an Dotter wie Perlen aneinanderlegen kann. Die abgeschnittenen Eispitzen hakken.

Zutaten

1 Wirsingkohl
10 kleine Eier
750 g Hechtfarce
(Grundrezept Seite 147)
2 EL getrockneter Estragon
2 EL gehackte Petersilie
500 g Lachsfilet
50 g Butter
Salz, weißer Pfeffer
2 Eigelbe
4 Blätterteig-Rechtecke
1/4 l Holländische Sauce
(Grundrezept Seite 148)
1 TL Estragon

Zubereiten

Zuerst bereiten Sie eine Lachspastete. Die Hechtfarce teilen. Etwa 300 Gramm mit den gehackten Eispitzen vermengen. Die übrige Hechtfarce mit getrocknetem Estragon und mit sehr fein gehackter Petersilie vermischen, um sie zu würzen und zartgrün zu färben.

Das Lachsfilet in 2 terrinenlange Streifen schneiden und in zerlassener Butter 1 Minute unter einmaligem Wenden steifziehen lassen, jedoch nicht braten. Sofort herausnehmen, salzen und mit frischgemahlenem weißen Pfeffer würzen.

Die mit Folie ausgeschlagene Terrine mit den blanchierten Wirsingblättern auslegen. Darauf die Hälfte der weißen Hechtfarce streichen, mit einem der beiden Lachsstreifen belegen und diesen mit der Hälfte der grünen Hechtfarce bestreichen. Die gekappten Eier Dotter an Dotter einlegen und mit der restlichen grünen Hechtfarce auffüllen. Darüber wird nun das zweite Lachsfilet gelegt und mit der restlichen weißen Hechtfarce bestrichen. Mit Wirsingblättern abdecken und mit den Folien verschließen.

Im 200 Grad heißen Ofen im Wasserbad etwa 60 Minuten pochieren. Beschwert auskühlen und mindestens 12 Stunden ruhen lassen.

Kulibiak. Rezept Seite 117.

Schneiden Sie pro Portion eine etwa 2 Zentimeter breite Scheibe von der Lachspastete ab und schlagen Sie diese in ein Wirsingblatt ein, das Sie mit etwas verquirltem Ei bestreichen, damit es besser haftet. Danach hüllen Sie diese Päckchen in Blätterteig ein, bestreichen sie mit verquirltem Ei und backen sie im 220 Grad heißen Ofen etwa 30 Minuten.

Die Holländische Sauce mit Estragon vermischen.

Anrichten

Den Kulibiak heiß aus dem Ofen auftragen und die mit Estragon gewürzte Holländische Sauce dazu reichen.

Hinweis

Dies ist meine Version der traditionellen russischen Fischpastete, die zu meinen winterlichen Spezialitäten gehört.

Creme Nesselrode

Zubereiten

Die Eßkastanien kreuzweise einschneiden, einige Minuten in kochendes Wasser legen und anschließend Schale und Innenhaut abziehen. Die geschälten Eßkastanien abspülen und abtropfen lassen. Sie werden in der Milch weichgekocht, die mit dem ausgekratzten Mark von 1/2 Vanilleschote aromatisiert und mit dem Zucker gesüßt wurde. Danach im Mixer pürieren und mit der aufgelösten Gelatine sowie 1 Glas Maraschino vermischen. Die Zitronatwürfel und die kleingeschnittenen kandierten Kirschen zufügen. Zuletzt die geschlagene Sahne unterziehen und die Creme in eine Glasschale füllen. Im Kühlschrank festwerden lassen.

Zutaten

250 g Eßkastanien
1/4 l Milch
1/2 Vanilleschote
80 g Zucker
4 Blatt Gelatine
1 Glas Maraschinolikör
2 EL gewürfeltes Zitronat
2 EL kandierte Kirschen
1/4 l geschlagene Sahne
Einige kandierte Kirschen zum Garnieren

Anrichten

Mit einigen kandierten Kirschen garnieren und auftragen.

Getränkeempfehlung

Zu diesem Menü empfehle ich Ihnen eiskalten Wodka und einen 1976er Oberbergener Baßgeige Ruländer Spätlese trocken aus dem Weingut Franz Keller, Oberbergen-Vogtsburg.

Wildpüreesuppe

Vorbereiten

Das Fleisch der Hasenkeule vom Knochen lösen.

Zubereiten

Das Keulenfleisch und die Fleischabschnitte vom Hasenrücken mit Wildgewürzsalz und einigen zerdrückten Wacholderbeeren bestreuen und in der Butter anbraten. Die Gemüsewürfel zufügen und Farbe annehmen lassen. Mit dem Rotwein ablöschen, dem Wasser auffüllen und mit Salz würzen. Auf kleiner Flamme etwa 1 Stunde kochen, bis das Fleisch weich ist. Die Blutwurst abziehen, zerkleinern und einrühren. Einige Stücke vom Keulenfleisch herausnehmen, würfeln und für die Suppeneinlage bereithalten. Die Suppe anschließend im Mixer pürieren und durch ein Sieb streichen.

Zutaten

1 Hasenkeule, Parüren vom Hasenrücken
Wildgewürzsalz (Grundrezept Seite 149)
Wacholderbeeren
30 g Butter
2 El Zwiebelwürfel
1 EL Karottenwürfel
1 EL Selleriewürfel
1/2 Flasche Rotwein
1 l Wasser
Salz
1 Hausmacher-Blutwurst von etwa 125 g

Anrichten

Die Fleischwürfel in Suppentassen verteilen und mit der Wildpüreesuppe auffüllen.

Hinweis

Diese Suppe zeichnet sich durch einen intensiven Wildgeschmack aus. Sie ist weder mit Sahne noch mit Mehl gebunden. Wie bereits an anderer Stelle erwähnt (Rezept „Wildhasenschäufele“, Seite 114), ist es im Haushalt angenehmer, statt frischem Schweine- oder Wildblut eine frische Blutwurst ohne Speckwürfel zu verwenden. Durch sie erhält die Suppe ein sämig-glänzendes Aussehen. Verwenden Sie keine Hasenknochen, denn wenn diese ausgekocht werden, verleihen sie der Suppe keinen intensiven, sondern einen penetranten Geschmack.

Kalbshirnauflauf

Vorbereiten

Das Kalbshirn wässern, dabei das Wasser mehrmals wechseln. Danach die Haut abziehen und alle Blutadern entfernen.

Zutaten

1 Kalbshirn
1 Zwiebel, 1 Lorbeerblatt,

Zubereiten

Das geputzte Hirn wird mit der Zwiebel, dem Lorbeerblatt und den Nelken in leicht gesalzenem Wasser zum Kochen gebracht. Auf kleiner Flamme etwa 20 Minuten ziehen lassen. Danach herausnehmen, abkühlen lassen und in 1 Zentimeter große Würfel schneiden.

Die Toastbrotscheiben entrinden und würfeln. Brot- und Hirnwürfel miteinander vermischen und in 4 gebutterte Auflaufförmchen von 10 Zentimeter Durchmesser füllen.

Die Eier mit der Sahne und dem geriebenen Greyerzer Käse verrühren. Vorsichtig salzen, denn der Käse bringt bereits Salz mit. Diese

2 Nelken, Salz
4 dünne Scheiben Toastbrot
20 g Butter
3 Eier
1/4 l süße Sahne
2 EL geriebener
Greyerzer Käse

Mischung über die Brot- und Hirnwürfel gießen. Vor dem Backen etwa 15 Minuten durchziehen lassen. Danach in den auf 220 Grad vorgeheizten Ofen geben und in etwa 12 Minuten auflaufen lassen.

Anrichten

Ohne weitere Zutaten auf kleine Teller stellen und sofort auftragen.

Hinweis

Wenn Sie eine weniger gehaltvolle Zubereitung vorziehen, dann nehmen Sie statt der Sahne nur Milch.

Vierländer Ente mit Sauerkirschen

Vorbereiten

Flügel und Hälse der Enten werden entfernt und für ein anderes Gericht verwendet. Die Enten waschen und trockentupfen. Innen und außen mit Salz und frischgemahlenem Piment einreiben. Die Enten werden anschließend gebunden. Die Schalotten schälen und vierteln.

Zubereiten

Die Enten in die Fettpfanne legen, die geviertelten Schalotten zufügen und so viel Wasser zugießen, daß die Fettpfanne etwa 1 Zentimeter hoch

Zutaten

2 Vierländer Enten von je 3 Pfund
Salz, Piment
6 Schalotten
1 Glas Portwein
3/8 l Wasser
1/2 TL Stärkemehl
Sauerkirschsaft
500 g eingemachte Sauerkirschen
1 Prise gemahlene Nelken
Etwas Zitronensaft
1 Spritzer Portwein

bedeckt ist. In den auf 240 Grad vorgeheizten Ofen schieben und die Enten unter mehrfachem Wenden und Begießen mit ihrem eigenen Saft in etwa 1 1/4 Stunden weichbraten. Sie werden aus der Pfanne genommen und warm gehalten.

Für die Sauce wird das Fett abgegossen und der Bratensaft mit Portwein abgelöscht. Mit etwa 3/8 Liter Wasser auffüllen und auf einen Viertelliter einkochen lassen. Durch ein Sieb gießen und auch die zerkochten Schalotten durchpassieren, da sie bereits eine leichte Saucenbindung ergeben. Nochmals aufkochen und das in etwas Sauerkirschsaft aufgelöste Stärkemehl einrühren. Die leicht glasige Sauce wird mit Salz, frischgemahlenem Piment und einem Spritzer Portwein abgerundet.

Die Sauerkirschen abtropfen und ihren Saft mit einer Prise gemahlener Nelken und etwas Zitronensaft dick einkochen lassen. Darin anschließend die Sauerkirschen erhitzen.

Anrichten

Die Enten halbieren. Von der Innenseite vorsichtig die Knochen ablösen, die Keulen jedoch nicht entbeinen. Reichen Sie pro Person eine halbe Ente, die Sie mit den heißen Sauerkirschen garnieren. Die Sauce getrennt servieren.

Hinweis

Ein leichtes, lockeres Kartoffelpüree schmeckt zu diesem Gericht besonders gut. Für mich sind junge Enten aus der Vierländer Gegend bei Hamburg unübertroffen.

Schneeballen in Vanillesauce

Zubereiten

Die Milch mit der Vanilleschote in einem weiten, flachen Topf zum Kochen bringen und danach gerade unter dem Siedepunkt halten.

Das Eiweiß mit dem Zucker zu festem Schnee schlagen. Mit Hilfe von zwei Eßlöffeln Schaumklößchen abstechen und in die heiße Milch einlegen. Nach etwa 2 Minuten die „Schneeballen" wenden und weitere 2 Minuten ziehen lassen. Herausnehmen und auf einem Küchentuch abtropfen lassen.

Für die Vanillesauce werden Eigelbe und Zucker mit dem Schneebesen cremig gerührt. Einen halben Liter der heißen Vanillemilch langsam einrühren. Über gelinder Hitze weiterschlagen, bis die Sauce bindet. Anschließend über Eiswürfeln kaltschlagen.

Die Vanillesauce in eine Glasschale gießen, darauf die Schneeballen setzen und kühl stellen.

Zutaten

3/4 l Milch
1/2 Vanilleschote
4 Eiweiß
150 g Zucker
4 Eigelbe
80 g Zucker
4 EL Krokant zum Garnieren

Anrichten

Kurz vor dem Auftragen den Krokant über die Schneeballen streuen.

Hinweis

Dies ist eine altmodische Nachspeise, die es verdient, wieder öfter auf den Tisch zu kommen. Sie können sie variieren, indem Sie die Sauce teilen und in die eine Hälfte 100 Gramm geschmolzene Schokolade einrühren. Geben Sie dann je 2 Schneeballen auf Dessertteller und überziehen Sie den einen mit Vanille-, den anderen mit Schokoladensauce.

Weinempfehlung

Zu der Vierländer Ente empfehle ich einen 1979er Brackenheimer Zweifelsberg Lemberger von der Winzergenossenschaft Brackenheim, Württemberg.

Schinkenmus in Madeiragelee

Zubereiten

Den Schinken zweimal durch die feine Scheibe des Fleischwolfs treiben, danach im Mixer pürieren. Das Püree anschließend durch ein Sieb streichen. Mit 2 Eßlöffel heißem Wasser geschmeidig rühren. Madeira und 6 Eßlöffel flüssiges Madeiragelee zufügen. Mit Pfeffer und Salz würzen. Die Sahne schlagen und unter die Masse ziehen.

Den Boden von 4 Becherförmchen dünn mit dem restlichen Madeiragelee ausgießen. Mit einer kleinen Schinkenraute auslegen und darauf mit dem Spritzbeutel das Schinkenmus spritzen. Mit Folie bedecken und im Kühlschrank festwerden lassen.

Zutaten

250 g gekochter Schinken
2 EL Wasser
2 EL Madeira
1/8 l Madeiragelee
(Grundrezept Seite 147)
Pfeffer, Salz
1/8 l süße Sahne
Aspikwürfel und Schinkenrauten
zum Garnieren

Anrichten

Die Förmchen kurz in heißes Wasser tauchen und auf Mittelteller stürzen. Mit Schinkenrauten umlegen.

Kartoffelrahmsuppe

Zubereiten

Die Zwiebeln hacken und die geschälten Kartoffeln würfeln. In der Butter anschwitzen, aber keine Farbe annehmen lassen. Mit kaltem Wasser und Milch aufgießen, salzen und weichkochen. Im Mixer pürieren und mit dem Sauerrahm vermischen. Mit frischgemahlenem weißen Pfeffer und Muskat würzen.

Zutaten

2 Zwiebeln
500 g Kartoffeln
60 g Butter
1/2 l Wasser
1/2 l Milch
Salz
4 EL Sauerrahm

Anrichten

Mit Schnittlauch und gerösteten Brotwürfelchen bestreuen und auftragen.

Fasan und Rebhühner

Vom Rastatter Markt

Hinweis

Dies ist eine vegetarische, ganz reintönige Kartoffelsuppe, bei der Sie auf eine Ei- oder Mehlbindung verzichten können. Allerdings müssen Sie dazu eine wohlschmeckende, mehlige Kartoffel verwenden.

Weißer Pfeffer, Muskat
1 EL Schnittlauch
2 EL geröstete Brotwürfelchen

Gefülltes Schweinekotelett mit Robertsauce

Zutaten

4 Lummerkoteletts zu je 200 g
Salz, Pfeffer

Für die Füllung:
200 g Kalbfleischfarce (Grundrezept Seite 147)
80 g gekochter Schinken
80 g feingewürfelte Champignons
Salz, Pfeffer, Kardamompulver
60 g Butterschmalz zum Braten

Für die Sauce:
200 g zerkleinerte Schweineknochen
30 g Butterschmalz
4 EL Schalottenwürfel
2 EL Karottenwürfel
1 EL Selleriewürfel
1/4 l Spätburgunder
1/4 l Wasser
1 TL Tomatenmark
1 EL scharfer Senf
Salz, Pfeffer
1 Prise Zucker
1 Spritzer Essig
Einige kalte Butterflocken

Zubereiten

Von den Koteletts, die nicht geklopft werden, das Fett am Knochen abschneiden. Mit einem dünnen, scharfen Messer von oben in jedes Kotelett einstechen, dabei die Öffnung so klein wie möglich halten, und innen in das Kotelett eine Tasche schneiden.

Für die Füllung wird die Kalbfleischfarce mit feingehacktem Schinken und feingewürfelten Champignons vermischt. Mit etwas Salz, Pfeffer und 1 Prise Kardamompulver abschmecken. Mit dem Spritzbeutel und einer großen Rundtülle wird diese Farce in die Koteletts gespritzt.

Die Koteletts salzen, pfeffern und in heißem Butterschmalz in einem Eisenbräter rasch anbraten. Danach in den auf 220 Grad vorgeheizten Backofen schieben und unter mehrmaligem Wenden mindestens 25 Minuten braten. Die Koteletts gehen auf wie ein Kissen, wobei keine Füllung austritt, wenn die Einstichöffnung klein gehalten wurde.

Für die Sauce werden die zerkleinerten Schweineknochen in Butterschmalz angeröstet. Die Gemüsewürfel zufügen und weichbraten. Tomatenmark und Senf einrühren und mit Spätburgunder ablöschen. Das Wasser angießen und die Flüssigkeit auf etwa 1/4 Liter einkochen lassen. Danach die Flüssigkeit durch ein Sieb gießen, dabei so viel wie möglich von den Gemüsewürfeln durchpassieren, da sie eine leichte Saucenbindung ergeben. Die Sauce mit Salz, Pfeffer, etwas Zucker und Essig abschmekken. Zuletzt den entfetteten Bratensatz der fertig gebratenen Koteletts einrühren. Nach Belieben kurz vor dem Servieren einige kalte Butterflöckchen in die Sauce einschwenken.

Anrichten

Die gefüllten Koteletts auf einer ovalen Platte anrichten und mit der Sauce überziehen.

Hinweis

Ich serviere dazu gern Krautspätzle, die an kalten Wintertagen besonders gut munden. Dazu werden frischgeschabte Spätzle (Grundrezept Seite 149) und gekochtes Sauerkraut (Rezept Seite 104) in Lagen übereinander in eine Schüssel geschichtet, mit gerösteten Semmelbröseln bestreut und mit brauner Butter übergossen.

Apfelküchlein

Zubereiten

Die Äpfel schälen, in 1 Zentimeter dicke Ringe schneiden und die Kerngehäuse ausstechen. Mit Kirschwasser, Zucker und Zimt marinieren.

Für den Ausbackteig wird das Mehl mit dem Bier glattgerührt. Danach den Zucker, etwas Salz und das Öl einrühren. Den Teig einige Zeit ruhen lassen. Kurz vor dem Backen werden die Eiweiß mit einer Prise Salz zu Schnee geschlagen und unter den Teig gezogen.

Die marinierten Apfelringe in den Teig tauchen und in der 160 Grad heißen Fritüre in etwa 4 Minuten goldbraun ausbacken, dabei einmal wenden.

Zutaten

4 Äpfel
1 kleines Glas Kirschwasser
1 EL Zucker, 1 TL Zimt

Für den Ausbackteig:
80 g Mehl
1/8 l helles Bier
1 EL Zucker, Salz
2 EL Öl
2 Eiweiß, Salz

Anrichten

Die Apfelküchlein werden warm aufgetragen. Man kann sie nach Belieben mit Zimtzucker bestreuen.

Hinweis

Verwenden Sie zum Fritieren ein pflanzliches Plattenfett.

Weinempfehlung

Zu diesem Menü empfehle ich einen 1979er Oberrotweiler Badisch Rotgold Kabinett aus dem Freiherr von Gleichenstein'schen Weingut Oberrotweil am Kaiserstuhl.

Fasanenkraftbrühe

Vorbereiten

Nehmen Sie zu dieser Brühe einen jährigen oder einen zerschossenen Fasan, der keinen ansehnlichen Braten mehr abgibt, und lösen Sie das Keulen- und Brustfleisch aus. Das Würzgemüse säubern und kleinschneiden.

Zubereiten

Keulen- und Brustfleisch des Fasans zusammen mit dem kleingeschnittenen Gemüse und den Wacholderbeeren durch die grobe Scheibe des Fleischwolfs treiben. Anschließend mit dem Tatar und den beiden leicht verquirlten Eiweiß vermischen. Diese Klärmasse wird nun in einen Topf gegeben, mit dem kalten Wasser verrührt und stehen gelassen.

In der Zwischenzeit die zerkleinerte Fasanenkarkasse mit etwas Wildgewürzsalz bestreuen und in heißem Butterschmalz anbraten. Anschließend das Fett abgießen.

Den Topf mit der Klärmasse auf den Herd setzen und die kalte Wildbrühe unter Rühren langsam zugießen. Die angebratene Karkasse zufügen. Die Suppe langsam zum Kochen bringen und etwa 1/2 Stunde leicht kochen lassen, ohne umzurühren. Danach die Fasanenbrühe noch etwa 30 Minuten ziehen lassen, bevor sie durch ein Sieb geseiht wird, das mit einem Passiertuch ausgelegt wurde. Abschmecken und sorgfältig entfetten.

Zutaten

1 Fasan
1 kleine Karotte
1 kleine Stange Lauch
2 Stengel Bleichsellerie
4 Wacholderbeeren
150 g Tatar
2 Eiweiß
1/4 l Wasser
Wildgewürzsalz
(Grundrezept Seite 149)
30 g Butterschmalz
2 l Wildbrühe
(Grundrezept Seite 146)

Anrichten

Die Fasanenkraftbrühe in 6 kleine Tassen verteilen und mit je einer Käsestange servieren.

Hinweis

Gehaltvolle Kraftbrühen und Essenzen sollen den Appetit anregen und nicht den Magen füllen. Sie werden deshalb in kleinen Tassen serviert. Reichen Sie pro Person nur etwa 1/8 Liter von der Fasanenkraftbrühe.

Kalbsbriesmedaillons mit Krebsschwänzen

Vorbereiten

Das Kalbsbries mindestens 2 Stunden wässern, um alle Blutreste auszuziehen. Danach 3-4 Minuten blanchieren und kalt abschrecken. Alle knorpeligen Teile wegschneiden, die Haut aber noch nicht abziehen.

Das Lorbeerblatt mit den Gewürznelken auf die geschälte Zwiebel heften.

Zutaten

500 g Kalbsbries
1 Lorbeerblatt, 2 Gewürznelken
1 Zwiebel
Salz, einige Pimentkörner
60 g Krebsbutter

Rehrücken Schloß Staufenberg mit Nudeltimbales. Rezept Seite 130.

Zubereiten

Das Bries mit Wasser bedecken und mit der gespickten Zwiebel, Salz und einigen zerdrückten Pimentkörnern zum Kochen bringen. Auf kleiner Flamme etwa 30 Minuten ziehen und in der Pochierflüssigkeit erkalten lassen. Anschließend herausnehmen, die Haut abziehen und

36 ausgelöste Krebsschwänze
1/4 l Holländische Sauce
(Grundrezept Seite 148)
1/8 l Sauerrahm

in 6 ovale, fingerdicke Scheiben schneiden.
Die Kalbsbriesmedaillons sowie die Krebsschwänze in der Krebsbutter erwärmen, jedoch nicht braten.

Danach wird die verbleibende Krebsbutter abgegossen und mit der Holländischen Sauce und dem Sauerrahm zu einer Sauce verrührt.

Anrichten

Die Kalbsbriesmedaillons mit je 6 Krebsschwänzen belegen und mit der Krebsbuttersauce umgießen.

Rehrücken Schloß Staufenberg

Vorbereiten

Den Rehrücken waschen, trockentupfen und häuten. Die beiden Filetstränge vom Knochen lösen und sauber parieren. Die Rehrückenknochen zerkleinern.

Zubereiten

Für die Garnitur werden die Eßkastanien kreuzweise eingeschnitten, einige Minuten blanchiert und aus Schale und Haut herausgelöst. Danach abspülen und abtropfen lassen. In etwa 20 Gramm Butter einen gestrichenen Teelöffel Zucker schmelzen und die geschälten Eßkastanien zufügen, salzen, mit Wasser aufgießen und zugedeckt in etwa 30 Minuten weichdünsten. Danach aufdecken und die Kastanien durch Schwenken überglänzen.

Die würfelig geschnittenen Karotten in 10 Gramm Butter mit 1 Prise Zucker ansautieren, etwas Wasser angießen, salzen und zugedeckt weichdünsten.

Im Winter muß man wohl oder übel, wenn man Pfifferlinge und Steinpilze verwenden will, auf eine gute Konserve zurückgreifen. Die

Zutaten

1 Rehrücken von etwa 4 Pfund
Wildgewürzsalz
(Grundrezept Seite 149)
40 g Butter
Einige Wacholderbeeren
4 Schalotten
30 g Butterschmalz
1/2 l Wasser
1/4 l Rotwein (Schloß Staufenberger Spätburgunder)
Salz, Pfeffer
Einige Butterflocken

Für die Garnitur:
200 g Eßkastanien
200 g Karottenwürfel
100 g Steinpilze
100 g Pfifferlinge
150 g Weinbeeren
60 g Butter
Etwas Zucker, Salz
100 g Rauchspeck

abgetropften Pilze werden naturell in 20 Gramm Butter erwärmt. Die Weinbeeren halbieren, entkernen und in heißer Butter schwenken.

Den Rauchspeck in 1 Zentimeter große Würfel schneiden, in Wasser aufkochen und abtropfen. Durch dieses Brühen verliert er seine Schärfe und geht leicht auf.

Kurz vor dem Servieren werden Eßkastanien, Karottenwürfel, Pilze, Weinbeeren und Speckwürfel miteinander vermischt.

Die Filetstränge mit Wildgewürzsalz einreiben. In einem Eisenbräter Butter erhitzen und das Fleisch von allen Seiten Farbe annehmen lassen. Anschließend in den auf 220 Grad vorgeheizten Ofen geben und in etwa 8 Minuten rosa braten. In Alufolie wickeln und warmhalten.

Für die Sauce werden inzwischen die zerkleinerten Rehrückenknochen mit etwas Wildgewürzsalz, einigen zerdrückten Wacholderbeeren und den gewürfelten Schalotten in Butterschmalz angebraten. Mit dem Wasser auffüllen und auf etwa 1/4 Liter einkochen lassen. Diese Wildbrühe durch ein Sieb abseihen.

Den Eisenbräter auf den Herd zurückstellen, den Bratensaft vom

Rehrücken entfetten und mit dem Rotwein ablöschen. Mit der abgeseihten Wildbrühe auffüllen und leicht einkochen lassen. Mit Salz und frischgemahlenem Pfeffer abschmecken. Erst kurz vor dem Servieren einige kalte Butterflöckchen zur Bindung einschwenken.

Anrichten

Die Rehrückenfilets schräg in Scheiben schneiden, auf eine große Platte legen und mit der Sauce überziehen. Die vermischten Eßkastanien, Karottenwürfel, Pilze, Weinbeeren und Speckwürfel reichlich darüberstreuen. Als Beilage gibt es Spätzle (siehe Grundrezept Seite 149).

Hinweis

Ich serviere zum Rehrücken auch Nudeltimbales. Dazu werden feine, gegarte Suppennudeln mit dünnen Schinkenstreifen vermischt, in Becherförmchen gefüllt, mit einer Eier-Sahne-Mischung übergossen, im Wasserbad pochiert und gestürzt.

Kabinettpudding mit Marsala-Schaum

Vorbereiten

Die Lebkuchen werden gerieben und mit dem Marsala angefeuchtet. Die Mandeln brühen, abziehen und reiben.

Zubereiten

Die Butter mit dem Zucker schaumig rühren. Die Eigelbe nacheinander einrühren. Mit den geriebenen Lebkuchen, dem Orangeat und Zitronat vermischen. Zuletzt das mit einer Prise Salz steifgeschlagene Eiweiß unterziehen. Die Masse in gebutterte und mit Zwiebackbröseln ausgestreute Becherförmchen füllen. Im 175 Grad heißen Ofen etwa 45 Minuten im Wasserbad pochieren.

Für die Marsala-Schaumsauce werden kurz vor dem Servieren die beiden ganzen Eier und die Eigelbe mit dem Marsala und dem Rotwein im Wasserbad aufgeschlagen. Keinen Zucker zufügen, da der Marsala ausreichend süßt.

Zutaten

150 g Lebkuchen
1 Likörglas Marsala
60 g Mandeln
100 g Butter
80 g Zucker
4 Eigelbe
20 g Orangeat
20 g Zitronat
4 Eiweiß
1 Prise Salz
Etwas Butter
Zwiebackbrösel
6 kandierte Kirschen zum Garnieren

<u>Für den Marsala-Schaum:</u>
2 Eier
2 Eigelbe
1 Likörglas Marsala
1/8 l Rotwein

Anrichten

Den Kabinettpudding auf Dessertteller stürzen, mit der Marsala-Schaumsauce überziehen und mit je einer kandierten Kirsche garnieren.

Weinempfehlung

Ich empfehle zu den Kalbsbriesmedaillons einen 1979er Zeller Abtsberg Klingelberger Riesling Kabinett von der Winzergenossenschaft Zell-Weierbach, Baden, und zum Rehrücken einen 1976er Schloß Staufenberger Spätburgunder Spätlese aus dem Markgräflichen Weingut Schloß Staufenberg in Durbach, Baden.

Hasenfiletpastete mit Apfelsalat

Zutaten

1 Wildhasenrücken
1 Hasenleber
Wildgewürzsalz
(Grundrezept Seite 149)
80 g Butter
1 EL Majoran
750 g Kalbfleischfarce
(Grundrezept Seite 147)
1 El feingehackte Petersilie
2 EL Wacholderbeeren

Für den Apfelsalat:
3 aromatische Äpfel
1 EL Zitronensaft
2 EL gehackte Senffrüchte
1/8 l süße Sahne
Salz, etwas Zucker

Vorbereiten

Eine Terrine von 25 Zentimeter Länge wird zuerst mit Alufolie, danach mit Klarsichtfolie so ausgekleidet, daß beide Folien die Ränder der Form überlappen, damit man sie anschließend über die Füllung klappen kann.

Den Hasenrücken häuten und entsehnen. Die beiden großen Filetstränge sowie die beiden kleinen Filets der Rückeninnenseite vom Knochen lösen. Die großen Filetstränge in je 4 Längsstreifen schneiden.

Die Hasenleber abziehen und würfeln.

Zubereiten

Die Filets mit Wildgewürzsalz einreiben und in Butter rosa braten. Aus der Pfanne nehmen und abkühlen lassen.

In derselben Pfanne und im selben Fett die Hasenleberwürfel rasch anbraten, so daß sie wie die Filetstreifen innen noch rosa sind, und mit Wildgewürzsalz und Majoran würzen. Die Hasenleberwürfel abkühlen lassen, samt ihrem Bratensaft im Mixer pürieren und mit etwa 200 Gramm Kalbfleischfarce vermischen. Unter diese Wildleberfarce wird die gehackte Petersilie gemischt. Die Wacholderbeeren unter die restliche Kalbfleischfarce mengen und mit dieser die Terrine etwa 2 Zentimeter hoch ausstreichen. Dabei die Farce an den Wänden der Terrine hochziehen und die so entstandene Mulde mit 3 der Hasenfiletstreifen auslegen.

Darauf wird nun mit Spritzbeutel und großer Rundtülle ein Strang von der Wildleberfarce als Pastetenkern gespritzt und mit den 3 übrigen Hasenfiletstreifen umhüllt. Mit der restlichen Kalbfleischfarce bedecken und die Folien darüberklappen. Im 180 Grad heißen Ofen etwa 40 Minuten im Wasserbad garen. Leicht beschwert abkühlen und vor dem Anschneiden mindestens einen Tag ruhen lassen.

Den Apfelsalat erst kurz vor dem Servieren bereiten. Die Äpfel schälen, in kleine Würfel schneiden und mit dem Zitronensaft beträufeln. Die Sahne mit etwas Salz und nur wenig Zucker schlagen und mit den Apfelwürfeln und den gehackten Senffrüchten vermischen.

Anrichten

Legen Sie je 2 etwa 1 Zentimeter dicke Scheiben Hasenfiletpastete auf Mittelteller. Neben die Pastetenscheiben placieren Sie 2 gehäufte Eßlöffel Apfelsalat, den Sie nach Belieben auf eine rund ausgestochene Apfelscheibe setzen können.

Hinweis

Die aus den angegebenen Zutaten hergestellte Hasenfiletpastete ergibt 10–12 Portionen. Gekühlt hält sie sich mindestens 5 Tage. Schneiden Sie die Pastete mit einem Elektromesser auf, damit Sie gefällige, glatte Scheiben erhalten. Sie können nach Belieben die beiden Farcen vertauschen und als äußere Farce die grüne Wildleberfarce, als Pastetenkern die helle Farce verwenden.

Hasenfiletpastete

Steinpilzessenz

Vorbereiten

Die getrockneten Steinpilze waschen und über Nacht in kaltem Wasser einweichen.

Zutaten

80 g getrocknete Steinpilze
1/2 l Wasser
1 TL Korianderkörner
2–3 Kardamomkapseln
1 Karotte, 2–3 Petersilienstengel
1 Zwiebel, 1 Knoblauchzehe
200 g Rinderhesse
2–3 Eiweiß
2 l entfettete Rinderbrühe
(Grundrezept Seite 146)

Zubereiten

Korianderkörner und Kardamomkapseln grob zerstoßen. Das Würzgemüse säubern und kleinschneiden. Die Rinderhesse (schieres Beinfleisch ohne Fett und Sehnen) zusammen mit dem zerkleinerten Würzgemüse durch die grobe Scheibe des Fleischwolfs treiben und mit den Gewürzen und 2–3 Eiweiß vermischen.

Diese Klärmasse wird in die eingeweichten Steinpilze gerührt. Mit der kalten Rinderbrühe aufgießen. Zum Kochen bringen und mindestens 1 Stunde auf kleiner Flamme kochen lassen. Noch etwa 30 Minuten ziehen lassen und anschließend durch ein Sieb seihen, das mit einem Passiertuch ausgelegt wurde.

Anrichten

Servieren Sie die Essenz in kleinen Täßchen.

Hinweis

Wenn Sie diese hocharomatische Suppe zur Steinpilzzeit zubereiten, so verringern Sie die Menge der getrockneten Pilze auf etwa 50 Gramm und fügen 2–3 gehackte Steinpilzstiele hinzu. Die Köpfe der Steinpilze feinblättrig schneiden und einige Minuten vor dem Servieren roh in die Suppe einlegen.

Gefüllter Karpfen Philippine Welser

Vorbereiten

Den frisch abgeschlagenen Karpfen schuppen, ausnehmen, waschen und auf einem Brett abtropfen lassen.

Zutaten

1 Karpfen von 3–4 Pfund
2 EL Semmelbrösel
2 Eier
150 g geriebene Walnußkerne
1 EL Petersilie
1 EL Schnittlauch
Einige Wacholderbeeren
Ingwer, Muskatnuß
Die abgeriebene Schale einer

Zubereiten

Für die Füllung werden die Semmelbrösel mit den Eiern verrührt. Einige Minuten quellen lassen, danach die geriebenen Walnußkerne, die gehackten Kräuter, die leicht zerdrückten Wacholderbeeren, etwas Ingwer, geriebene Muskatnuß, die abgeriebene Apfelsinenschale und etwas Salz zufügen. Alles miteinander vermischen.

Den Karpfen innen und außen

salzen, leicht mit Mehl bestäuben und füllen. Mit Küchenzwirn umwickeln.

In einer Eisenpfanne die Butter schmelzen und darin den Karpfen rasch von allen Seiten anbraten. In den 140 Grad heißen Ofen geben und in etwa 45 Minuten fertig braten, dabei öfters mit der Bratenbutter begießen.

Unmittelbar vor dem Servieren wird der Karpfen mit dem Orangensaft beträufelt.

unbehandelten Orange
Salz
Etwas Mehl
125 g Butter
Saft von 2 Orangen

Anrichten

Den Karpfen im ganzen auftragen und erst bei Tisch in 4 Portionen teilen. Die Karpfenbutter getrennt dazu reichen. Als Beilage eignen sich Salzkartoffeln und ein Selleriesalat.

Hinweis

Dieses Gericht ist einem Originalrezept aus dem 16. Jahrhundert nachempfunden. Es stammt aus dem Rezeptbuch der Philippine Welser, der Gemahlin des Erzherzogs Ferdinand von Tirol.

Quittenpfannkuchen

Zubereiten

Das Mehl erst mit der Milch, dann mit den Eiern, dem Eigelb, dem Zucker und dem Salz verrühren (siehe Grundrezept „Pfannkuchen“ Seite 148). Soviel Sahne zufügen, daß ein dünnflüssiger Teig entsteht. Mindestens 15 Minuten ruhen lassen. Über mäßiger Hitze etwa desserttellergroße Pfannkuchen in Butter ausbacken. Übereinandergelegt warm halten.

Den Rotwein mit der Nelke erhitzen und mit den Rotweinquitten verrühren. Die Pfannkuchen damit bestreichen und aufrollen.

Anrichten

Die Pfannkuchenröllchen nebeneinander auf eine Platte legen, mit den restlichen Rotweinquitten überglänzen und mit Mandelblättern bestreuen.

Zutaten

80 g Mehl
1/8 l Milch
2 Eier
1 Eigelb
1 EL Zucker, 1 Prise Salz
1/8 l süße Sahne
Butter zum Ausbacken

Für die Füllung:
125 g Rotweinquitten
(Rezept Seite 97)
1 Glas Rotwein, 1 Gewürznelke
2 EL geröstete Mandelblätter
zum Garnieren

Weinempfehlung

Zu der Hasenfiletpastete empfehle ich einen 1970er Durbacher Herrenberg Clevner-Traminer Auslese aus dem Gräflich Wolff Metternichschen Weingut in Durbach, Baden, und zum gefüllten Karpfen einen 1979er Kleinbottwarer Brüssele Samtrot Spätlese aus der Schloßkellerei Graf Adelmann in Steinheim-Kleinbottwar, Württemberg.

Aalpastete mit Sauerrahm

Vorbereiten

Eine 25 Zentimeter lange Form mit halbrundem Boden wird mit Alufolie, darüber mit Klarsichtfolie so ausgekleidet, daß beide Folien die Ränder der Form überlappen, damit sie anschließend über die Füllung geklappt werden können.
Die Paprikawürfel blanchieren.

Zubereiten

Etwa ein Viertel der Hechtfarce wird mit den blanchierten Paprikawürfeln, dem Paprikapulver und den Garnelen oder Krebsschwänzen vermengt. Unter die restliche Hechtfarce den feingehackten Dill mischen. Die ausgelegte Form wird mit der Dillfarce dick ausgestrichen und mit 3 geräucherten Aalfilets ausgelegt. Darüber als Pastetenkern die rote Hechtfarce geben, mit den drei übrigen Aalfilets abdecken und mit der restlichen Dillfarce bestreichen.

Zutaten

500 g Hechtfarce
(Grundrezept Seite 147)
4 EL rote Paprikawürfel
1 TL edelsüßes Paprikapulver
200 g Garnelen oder
Krebsschwänze
3 EL gehackter Dill
6 frischgeräucherte Aalfilets
je 25 cm lang
2 Bund Dill zum Garnieren
1/4 l Sauerrahm

Die Pastete wird mit den Folien verschlossen und im 90 Grad heißen Ofen etwa 60 Minuten pochiert. Auskühlen lassen, nach 12 Stunden stürzen und mit abgezupften Dillblättern belegen.

Anrichten

Servieren Sie pro Person eine 1 Zentimeter dicke Scheibe Aalpastete und reichen Sie den Sauerrahm getrennt dazu.

Hinweis

Filieren Sie die Aale, bevor Sie die Haut abziehen, damit die Filets nicht unansehnlich werden.

Doppelte Rinderkraftbrühe

Vorbereiten

Die kalte Rinderbrühe sorgfältig entfetten.

Zutaten

1 1/2 l Rinderbrühe
(Grundrezept Seite 146)
400 g mageres Rindfleisch
(Rinderhesse)

Zubereiten

Das Rindfleisch wird mit dem Gemüse durch die grobe Scheibe des Fleischwolfs getrieben, mit den beiden Eiweiß und dem kalten Wasser

Aalpastete

vermischt und etwa 30 Minuten stehen gelassen. Anschließend wird die kalte Rinderbrühe eingerührt und unter Rühren zum Kochen gebracht. Auf kleiner Flamme etwa 2 Stunden kochen lassen. Danach wird die Kraftbrühe durch ein Sieb gegossen, das mit einem Passiertuch

1 Karotte
1 Stange Lauch (nur das Weiße)
1/8 Sellerieknolle
2 Eiweiß
1/4 l Wasser
Salz
Piment

ausgelegt wurde. Sie wird entfettet und mit Salz und etwas frischgemahlenem Piment abgeschmeckt.

Anrichten

Die doppelte Rinderkraftbrühe wird in kleinen Tassen aufgetragen.

Fasan nach Winzerin-Art

Vorbereiten

Die Fasane waschen, trockentupfen und binden. Für die Garnitur werden die Weißbrotscheiben entrindet und die Trauben halbiert und entkernt.

Zubereiten

Die Fasane mit Wildgewürzsalz einreiben, ihre Brüste mit den Speckscheiben bedecken und mit Küchenzwirn umwickeln. Einen Eisenbräter mit weicher Butter ausstreichen und mit grob gewürfelten Schalotten ausstreuen. Darauf werden die Fasane gesetzt und im vorgeheizten Ofen bei 240 Grad 35-40 Minuten gebraten. Danach werden sie aus dem Bräter genommen und warm gehalten.

Den Bräter zurück auf den Herd stellen. Das Bratfett abgießen und zum Rösten der Weißbrotscheiben verwenden. Den Bratensatz vom Topfboden lösen, mit Weißwein ablöschen und mit 1/4 Liter Wasser aufgießen. Etwa 6-8 Minuten

Zutaten

2 Fasane von je 2 Pfund
Wildgewürzsalz
(Grundrezept Seite 149)
2 große, ungesalzene Speckscheiben
50 g Butter
4 Schalotten
1 kleines Glas Weißwein
1/4 l Wasser
Salz, schwarzer Pfeffer

Für die Garnitur:
4 Scheiben Kastenweißbrot
400 g blaue und grüne Trauben
20 g Butter

kochen lassen, danach durch ein Sieb abpassieren und die Sauce mit etwas Salz und frischgemahlenem Pfeffer abschmecken.

Unmittelbar vor dem Anrichten die halbierten Trauben in der Butter erwärmen, die Fasanenbrüste auslösen und in je 8 Längsstreifen schneiden. Die Reste der Fasane für ein anderes Gericht, eventuell für eine Wildpüreesuppe, verwenden.

Anrichten

Placieren Sie pro Person 4 Streifen Fasanenbrust auf eine geröstete Weißbrotscheibe, umlegen Sie diese mit den Trauben und reichen Sie die Sauce getrennt dazu.

Fasan nach Winzerin-Art

Haselnußcreme

Vorbereiten

Die Haselnußkerne in einer trockenen Pfanne leicht rösten. Das verstärkt ihr Aroma und bewirkt, daß sich die braune Haut abreiben läßt. Die weißen Kerne anschließend in der Mandelmühle mahlen.

Zubereiten

Die Milch mit dem ausgekratzten Mark der Vanilleschote aufkochen, vom Feuer nehmen und ziehen lassen.

Die Eigelbe mit dem Zucker nicht schaumig schlagen, sondern cremig rühren. Die heiße Vanillemilch unter Rühren langsam in die Eiermasse gießen. Vorsichtig erhitzen, bis die Creme bindet und den Rücken eines Kochlöffels überzieht. Die aufgeweichte und ausgedrückte Gelatine in die Creme geben und so lange rühren, bis sie sich vollständig aufgelöst hat. Die Creme durch ein Haarsieb gießen, um eventuell vorhandene Klümpchen zu entfernen. Danach die geriebenen Haselnüsse und die mit dem Zucker zu Schnee geschlagenen Eiweiß unter die noch heiße Masse heben. In eine Puddingform füllen und im Kühlschrank festwerden lassen.

Zutaten

100 g Haselnußkerne
1/2 l Milch
1/2 Vanilleschote
6 Eigelbe
100 g Zucker
8 Blatt Gelatine
6 Eiweiß
60 g Zucker, 1 Prise Salz

Anrichten

Die Form kurz in heißes Wasser tauchen und die Creme auf eine Platte stürzen. Mit gerösteten Haselnüssen bestreuen.

Hinweis

Zu der Haselnußcreme können Sie verschiedene Saucen aus pürierten Früchten wie Erdbeeren oder Himbeeren reichen. Zu dieser Jahreszeit rate ich zu einer Sauce aus pürierten eingemachten Preiselbeeren, die mit einigen Löffeln halbsteif geschlagener Sahne verrührt werden.

Weinempfehlung

Ich empfehle zu der Aalpastete einen 1981er Badenweiler Nobling Kabinett aus dem Weingut Fritz Blankenhorn, Schliengen in Baden, und zum Fasan einen 1981er Käfersberger Andreasberg Gewürztraminer Kabinett aus dem Weingut der Stadt Offenburg, St. Andreas Hospital Fond, Ortenberg in Baden.

Tatartorte Werner Fischer

Zubereiten

Das Tatar mit etwa 4 Eßlöffel kaltem Wasser (nicht mit Öl) geschmeidig rühren. Mit Eigelb, geriebenen Schalotten, Salz, frischgemahlenem Pfeffer und Muskat anmachen. In 2 Hälften teilen. Davon eine in den Mürbteigboden füllen und glattstreichen. Die andere Hälfte des Tatars mit Frischhaltefolie bedecken und kühl stellen.

Für die Meerrettichcreme werden die geputzte halbe Stange Meerrettich und der geschälte Apfel sehr fein gerieben, miteinander vermischt und mit Zitronensaft, Zucker und Salz gewürzt. Die eingeweichte und in etwas heißem Wasser aufgelöste Gelatine in die Mischung rühren. Kurz vor dem Festwerden der Mischung die geschlagene Sahne unterziehen. Die Meerrettichcreme sofort auf die Tatarschicht streichen und im Kühlschrank erstarren lassen.

Zutaten

1 vorgebackener ungezuckerter Mürbteigboden von 26 cm Durchmesser
750 g Tatar
4 EL Wasser
3 Eigelbe
2 TL geriebene Schalotten oder Zwiebelsaft
Salz, Pfeffer, Muskat

Für die Meerrettichcreme:
1/2 Stange Meerrettich
1 Apfel
1 EL Zitronensaft
1/2 TL Zucker, Salz
4-5 Blatt Gelatine
1/4 l süße Sahne
Etwas Speiseöl

Danach das restliche Tatar vorsichtig auf der Meerrettichcreme verteilen, die Oberfläche glätten und mit einem neutral schmeckenden Speiseöl überglänzen.

Hinweis

Diese Tatartorte ist eine Schöpfung meines Freundes Werner Fischer. Sie ist von raffinierter Schlichtheit, und ich habe sie mit Vorliebe für ungezwungene kleine Feste bereitet.

Sie können diese Torte auf verschiedene Weise garnieren. Umlegen Sie sie mit einem Kranz von Gurkenscheiben, denen Sie einen Punkt aus roter, eingelegter Paprika aufsetzen. Oder umlegen Sie sie mit pochierten und halbierten Apfelringen, die Sie mit einem gezackten Ausstecher in eine gefällige Form bringen und mit je 1 Mokkalöffel Kaviar belegen. Verwenden Sie jedoch keine Kapern, Sardellenringe, Oliven oder Worcestersauce als zusätzliche Würze. Damit würden Sie den vollmundigen Fleischgeschmack und die pikante Meerrettichcreme übertönen.

Gulaschsuppe

Vorbereiten

Das magere, zarte Rindfleisch in etwa 2 Zentimeter große Würfel schneiden. Die Zwiebeln schälen, halbieren und in Streifen schneiden.

Zutaten

2 Pfund Rindfleisch
500 g Zwiebeln

Zubereiten

Zwiebelstreifen und Knoblauchzehen in Schweineschmalz andünsten. Das zerkleinerte Gemüse und Salz, Pfeffer und Kümmel zufügen und weichdünsten. Danach die Rindfleischwürfel hineingeben und zudecken. Wenn das Fleisch genügend Saft gezogen hat, wieder aufdecken und unter Rühren den Saft verdampfen lassen. Danach das Paprikapulver anstäuben und das Tomatenmark einrühren. Mit Rotwein ablöschen und mit 3 Litern Wasser auffüllen. Auf kleiner Flamme etwa 2 1/2 Stunden kochen lassen. Das zerkochende Gemüse ergibt genügend Bindung, deswegen wird kein Mehl mehr zugefügt.

3-4 Knoblauchzehen
3 EL Schweineschmalz
3 EL Lauchstreifen
3 EL Karottenwürfel
2 EL Selleriewürfel
2 EL gewürfelte Petersilienwurzeln
Salz, Pfeffer
1 TL Kümmel
2 EL edelsüßes Paprikapulver
2 EL Tomatenmark
1 Flasche Rotwein
3 l Wasser

Hinweis

Wenn Sie eine gewisse Schärfe lieben, würzen Sie mit etwas Cayennepfeffer nach. Wenn Sie Rauchgeschmack mögen, kochen Sie eine Speckschwarte mit, die Sie anschließend wieder herausnehmen. Verzichten Sie dann aber auf den Kümmel.

Schnecken im Häuschen

Zubereiten

Die Butter schaumig rühren und mit den von Hand geriebenen Zwiebeln, den frischen Semmelbröseln (in Schneckenbrühe angefeuchtet, wenn man konservierte Schnecken verwendet), der Petersilie, dem Zitronensaft und der abgeriebenen Zitronenschale vermischen. Mit Salz und Cayennepfeffer würzen. Etwas Butter in jedes Schneckenhäuschen streichen, je 1 Schnecke hineindrücken und mit Butter verschließen. Je 6 Schnecken pro Person auf Schneckenpfännchen setzen und in den heißen Ofen geben, bis die Butter geschmolzen ist.

Zutaten

48 küchenfertig vorbereitete Schnecken mit ihren Häusern

Für die Schneckenbutter:
400 g Butter
3 EL geriebene Zwiebeln
2 EL frische Semmelbrösel
1 EL gehackte Petersilie
Saft und abgeriebene Schale einer unbehandelten Zitrone
12 g Salz, Cayennepfeffer

Anrichten

Sehr heiß servieren und Stangenweißbrot dazu reichen.

Hinweis

Ich verwende stets Deckelschnekken, die im Oktober und November gesammelt werden, wenn sie am besten sind. Die Schnecken haben sich dann bereits gesäubert und für den Winterschlaf mit einem Kalkdeckel verschlossen. Da es aber mühsam und zeitraubend ist, frische Schnekken küchenfertig zu machen, sollten Sie auf konservierte oder gefrorene Schnecken zurückgreifen, die nur noch aus dem bereits weichgekochten Schneckenmuskel – ohne Kopf und ungenießbarem hinteren Teil – bestehen. Kaufen Sie keine Achat-, sondern Weinbergschnecken.

Schnecken im Häuschen

Narrenwurst mit Béarner Sauce

Vorbereiten

Die gekochte Pökelzunge und die hartgekochten Eier in 1/2 Zentimeter große Würfel und die Trüffel in feine, 1 Zentimeter lange Streifen schneiden.

Zubereiten

Mit der Kalbfleischfarce werden Pökelzungen- und Eiwürfel, Trüffelstreifen und Pistazien vorsichtig vermischt.

Die Blätterteigrechtecke mit verquirltem Ei bestreichen. Je einen Streifen der Farce daraufgeben und zur Wurst aufrollen. Ein Backblech mit kaltem Wasser abspülen und die Narrenwürste mit dem Teigabschluß nach unten darauf setzen, mit dem restlichen Ei bestreichen und einige Zeit ruhen lassen. In den auf 220 Grad vorgeheizten Ofen geben und etwa 25 Minuten backen.

Zutaten

100 g gekochte Pökelzunge
2 hartgekochte Eier
1 Trüffel
750 g Kalbfleischfarce
(Grundrezept Seite 147)
30 g Pistazien
16 Blätterteigrechtecke von etwa
12 x 15 cm
Verquirltes Ei zum Bestreichen
1/2 l Béarner Sauce
(Grundrezept Seite 148)

Anrichten

Frisch aus dem Ofen servieren und die Béarner Sauce getrennt dazu reichen.

Scherben

Zubereiten

Ei und Eigelbe mit dem Zucker, einer Prise Salz und dem Sauerrahm verrühren. Nach und nach das Mehl zugeben und alles zu einem festen Teig kneten. Einige Zeit kalt stellen. Den gut gekühlten Teig hauchdünn ausrollen. Mit einem Teigrand Rauten von etwa 12 Zentimeter Länge und 5 Zentimeter Breite ausschneiden und mit einer Gabel mehrfach stupfen, damit sie beim Ausbacken nicht blasig werden.

Das Plattenfett in der Friteuse auf 170 Grad erhitzen und nicht zu viele Scherben gleichzeitig in etwa 4 Minuten ausbacken. Dabei die Scherben mit dem Schaumlöffel wenden, damit sie auf beiden Seiten gleichmäßig backen. Herausnehmen, abtropfen lassen und noch warm mit dem Puderzucker, der mit Zimt vermischt wurde, bestäuben.

Zutaten

1 Ei, 5 Eigelbe
60 g Zucker, 1 Prise Salz
4 EL Sauerrahm
400 g Mehl
2 Pfund pflanzliches Plattenfett
zum Fritieren
60 g Puderzucker, 1 TL Zimt zum
Bestreuen

Anrichten

Türmen Sie die knusprigen Scherben auf große Teller oder schichten Sie sie in einem flachen Korb locker übereinander.

Mutzenmandeln

Zubereiten

Die Butter mit Puderzucker, Eiern, Zimt und 1 Prise Salz schaumig rühren. Die Marzipanrohmasse mit der Milch und dem Rum glattrühren. Beide Massen vermischen und das mit Backpulver vermengte Mehl hineinsieben. Zum Teig verarbeiten und gut durchkühlen.

Anschließend wird der Teig 1 Zentimeter dick ausgerollt. Mit einem Mutzenmandelausstecher werden Mutzenmandeln ausgestochen und partienweise in der 170 Grad heißen Fritüre ausgebacken. Die Mutzenmandeln während der etwa 5 minütigen Backzeit ständig mit einem Schaumlöffel bewegen, damit sie eine gleichmäßige braune Farbe annehmen. Herausnehmen, abtropfen lassen und in Zimtzucker wälzen.

Zutaten

40 g Butter
80 g Puderzucker
2 Eier
1/4 TL Zimt, 1 Prise Salz
60 g Marzipanrohmasse
2 EL Milch
4 EL Rum
250 g Mehl
5 g Backpulver

Getränkeempfehlung

Reichen Sie zu diesem Fastnachtbüfett Bier, Sekt und einen Kreuznacher Narrenkappe Riesling Kabinett trocken aus dem Weingut Carl Finkenauer, Bad Kreuznach.

Grundrezepte

Rinderbrühe

Zutaten

2 Pfund Rindfleisch
(Rinderhesse oder Querrippe)
2 Pfund Rinderknochen
(Blutknochen)
4 l Wasser
Salz
2 Karotten, 1 Stange Lauch (nur das Weiße), 1/6 Sellerieknolle
Einige Petersilienstengel
2 Blättchen Liebstöckel
1/2 ungeschälte Zwiebel

Zubereiten

Das Rindfleisch waschen, die Knochen blanchieren und kalt abspülen. In kaltem Wasser aufsetzen und zum Kochen bringen. Auf kleiner Flamme kochen, wiederholt abschäumen und entfetten, damit das Fett nicht in die Brühe einkocht und diese trübt. Nach etwa 1 1/2 Stunden wird die Brühe leicht gesalzen und das kleingeschnittene Gemüse sowie die Würzzutaten werden zugefügt. Die Schnittfläche der ungeschälten Zwiebel zuvor in der trokkenen Pfanne leicht anbräunen, um der Brühe Farbe zu geben. Nach 2 – 2 1/2stündigem langsamen Kochen wird die Brühe abpassiert.

Die angegebene Zutatenmenge ergibt etwa 3 Liter Rinderbrühe.

Rinderkraftbrühe

Zutaten

2 l entfettete Rinderbrühe
300 g mageres Rindfleisch
(Rinderhesse)
1 Karotte, 1 Stange Lauch (nur das Weiße), 1/8 Sellerieknolle
2 Eiweiß
1/4 l Wasser

Zubereiten

Das Rindfleisch wird mit dem Gemüse durch die grobe Scheibe des Fleischwolfs getrieben, mit den beiden Eiweiß und dem kalten Wasser vermischt. Anschließend wird die kalte Rinderbrühe in die Klärmasse gerührt und etwa 30 Minuten stehen gelassen. Unter Rühren aufkochen und auf kleiner Flamme etwa 2 Stunden weiterkochen. Danach wird die Kraftbrühe durch ein Sieb gegossen, das mit einem Passiertuch ausgelegt wurde. Die Kraftbrühe wird gründlich entfettet und mit Salz abgeschmeckt. Die angegebene Zutatenmenge ergibt etwa 1 1/4 Liter Rinderkraftbrühe.

Hühnerbrühe

Zutaten

1 junges Suppenhuhn
Geflügelklein
(Hals, Magen, Herz, Füße)
1 Karotte, 1 Stange Lauch (nur das Weiße), 1/8 Sellerieknolle
1 Zwiebel, 1 Lorbeerblatt
2 Nelken, Salz
3 l Wasser

Zubereiten

Huhn und Geflügelklein blanchieren und kalt abspülen. In kaltem Wasser aufsetzen, langsam zum Kochen bringen und abschäumen. Das gewürfelte Gemüse und die Gewürze zufügen. Unter wiederholtem Abschäumen so lange kochen lassen, bis das Huhn weich ist. Es wird herausgenommen und für ein anderes Gericht verwendet. Die Brühe wird auf 2 Liter eingekocht, durch ein Sieb abpassiert und entfettet.

Hühnerkraftbrühe

Zutaten

2 l entfettete Hühnerbrühe
150 g Hühnerfleisch
150 g Rindfleisch (Rinderhesse)
1 Karotte, 1 Stange Lauch (nur das Weiße), 1/8 Sellerieknolle
2 Eiweiß
1/4 l Wasser

Zubereiten

Hühner- und Rindfleisch werden mit dem Gemüse durch die grobe Scheibe des Fleischwolfs getrieben, mit den beiden Eiweiß und dem Wasser verrührt und etwa 30 Minuten stehen gelassen. Anschließend wird die kalte Hühnerbrühe in die Masse eingerührt und unter Rühren zum Kochen gebracht. Auf kleiner Flamme etwa 2 Stunden kochen lassen. Danach wird die Hühnerkraftbrühe durch ein Sieb gegossen, das mit einem Passiertuch ausgelegt wurde.

Die angegebenen Zutaten ergeben etwa 1 1/4 Liter Hühnerkraftbrühe.

Wildbrühe

Zutaten

3 Pfund Rehrückenknochen
1 Fasanenkarkasse
Wildfleischabschnitte
1 Speckschwarte
30 g Butterschmalz
1 Karotte, 1 Stange Lauch (nur das Weiße), 1/8 Sellerieknolle, einige Champignonstiele
Wildgewürzsalz
(Grundrezept Seite 149)
3 l Wasser
Wacholderbeeren, 2 Thymianstengel, einige weiße Pfefferkörner

Zubereiten

In einem Eisenbräter werden die zerkleinerten Rehrückenknochen, die zerkleinerte Fasanenkarkasse, einige Wildfleischabschnitte und die Speckschwarte in Butterschmalz angeröstet. Das Fett abgießen, das zerkleinerte Gemüse zufügen, mit etwas Wildgewürzsalz bestreuen und etwa 5 Minuten mitrösten. Danach das kalte Wasser zugießen, die Gewürze zufügen und langsam zum Kochen bringen. Etwa 2 1/2 Stunden auf kleiner Flamme kochen lassen und die Brühe dabei laufend abschäumen und entfetten.

Je sauberer die Brühe gehalten wird, desto klarer bleibt sie. Verwenden Sie nur frische Wildknochen, Wildfleisch ohne Hautgoût und keine Wildhasenknochen. Nicht mit Wein ablöschen und kein Tomatenmark zufügen, damit die Wildbrühe reintönig bleibt.

Wildkraftbrühe

Zutaten

2 l entfettete Wildbrühe
400 g schieres Wildfleisch
1 Karotte, 1 Stange Lauch (nur das Weiße), 1/8 Sellerieknolle, einige Champignonstiele
6 Wacholderbeeren
2 Eiweiß
1/4 l Wasser

Zubereiten

Die Zubereitung ist die gleiche wie bei der Hühnerkraftbrühe.

Fischbrühe

Zutaten

2 Pfund Gräten und Fischfleischabschnitte von Butt, Hecht, Seezunge und Zander
2 Schalotten, 1 Stange Lauch (nur das Weiße), Dill- und Petersilienstengel
Salz
20 g Butter
1 kleines Glas Weißwein
1 1/2 l Wasser

Zubereiten

Die Gräten und Fischfleischabschnitte werden gewaschen und zerkleinert. Danach werden sie mit Schalottenscheiben, Lauchstreifen, Dill- und Petersilienstengeln in Butter angeschwitzt. Mit Weißwein ablöschen, das Wasser angießen und leicht salzen. Auf kleiner Flamme etwa 20 Minuten kochen lassen und danach die Fischbrühe abpassieren.

Die angegebene Zutatenmenge ergibt etwa 1 Liter Fischbrühe.

Aspik

Zutaten

1/2 l geklärte Brühe (je nach Verwendungszweck eine Rinder-, Geflügel- oder Fischbrühe)
8 Blatt Gelatine
4 EL Wein

Zubereiten

Die Gelatine in kaltem Wasser einweichen, anschließend gut ausdrükken und in der erhitzten Brühe unter Rühren vollständig auflösen. Nach dem Abkühlen mit Wein, Madeira oder Sherry aromatisieren. Sie erhalten somit einen Wein-, Madeira- oder Sherry-Gelee.

Hinweis

Wollen Sie einen schnittfesten Aspik – etwa für Aspikwürfel – bereiten, so nehmen Sie auf einen halben Liter Flüssigkeit 10-12 Blatt Gelatine, bei sommerlichen Temperaturen noch ein Blatt zusätzlich. Aspik muß schnell und kurz vor dem Gelieren verarbeitet werden. Teilen Sie daher die Menge, halten Sie eine Hälfte über gelinder Hitze flüssig und gießen Sie immer etwas in das gerade erstarrende Gelee nach. Gelatine schluckt Aroma, deshalb sollte die Brühe stets kräftig gewürzt sein.

Kalbfleischfarce

Zutaten

250 g schieres Kalbfleisch
250 g Schweinefleisch
Gewürzsalz für Pasteten
(Grundrezept Seite 149)
1/8 l Milch
1/8 l süße Sahne

Zubereiten

Das Kalbfleisch muß schier, das Schweinefleisch nicht zu mager und beide müssen ohne Haut und Sehnen sein.

Kalb- und Schweinefleisch getrennt in etwa 1 Zentimeter große Würfel schneiden und mit Gewürzsalz für Pasteten bestreuen. Die Fleischwürfel durchkühlen, bevor sie, wiederum getrennt, durch die feine Scheibe des Fleischwolfs getrieben werden. Danach zuerst das Kalbfleisch mit etwa 1/8 Liter eiskalter Milch im Mixer durcharbeiten. Die Masse muß geschmeidig, darf aber nicht flüssig sein. Anschließend das Schweinefleisch einarbeiten und langsam die eiskalte Sahne einlaufen lassen, bis eine helle Farce entsteht. Während der Bearbeitung darf sie sich nicht erwärmen, da dann das Fleischeiweiß nicht mehr bindet. Die angegebenen Zutaten ergeben etwa 750 Gramm Farce.

Hechtfarce

Zutaten

250 g Hechtfilet
Salz
1/4 l süße Sahne
Pfeffer, Muskat

Zubereiten

Das Hechtfleisch gut durchkühlen. Anschließend würfeln, salzen und im Mixer pürieren. Auf Eiswürfel stellen und nach und nach die eiskalte Sahne einarbeiten. Mit frischgemahlenem weißen Pfeffer und geriebenem Muskat würzen. Durch ein Sieb streichen und kalt stellen.

Die angegebenen Zutaten ergeben etwa 500 Gramm Hechtfarce.

Holländische Sauce

Zutaten

5 EL Weißwein
1 Schalotte
5 weiße Pfefferkörner
3 Eigelbe
200 g Butter
Salz, Cayennepfeffer
1 TL Zitronensaft

Zubereiten

In einer kleinen Kasserolle wird der Weißwein mit der feingewürfelten Schalotte und den zerdrückten weißen Pfefferkörnern aufgekocht und auf etwa 3 Eßlöffel Flüssigkeit reduziert, die abgekühlt und in einen kleinen Topf abpassiert wird. Die Eigelbe einrühren und im Wasserbad mit dem Schneebesen cremig schlagen. Danach wird die weiche Butter in kleinen Flöckchen eingeschlagen. Die aufgeschlagene Sauce wird mit Salz, Cayennepfeffer und Zitronensaft abgeschmeckt.

Béarner Sauce

Die Béarner Sauce ist eine Ableitung der Holländischen Sauce, die sich von ihr nicht in der Zubereitung, sondern nur in wenigen Zutaten unterscheidet. Für die Béarner Sauce nehmen Sie 2 Eßlöffel Weißwein und 3 Eßlöffel Estragonessig (statt 5 Eßlöffel Weißwein) und ziehen unter die fertige Sauce 1 Eßlöffel feingehackten Estragon.

Hinweis

Im Wasserbad können diese warm aufgeschlagenen Saucen etwa 1-2 Stunden warmgehalten werden. Sie dürfen allerdings nicht kochen, da sie dann gerinnen.

Die angegebene Zutatenmenge ergibt etwa 1/4 Liter Sauce.

Pfannkuchen

Zutaten

Für 4-6 Portionen:
80 g Mehl
1/4 l Milch
4 Eier
1 Prise Salz
Reichlich Butter zum Ausbacken

Zubereiten

Das gesiebte Mehl mit der Milch verrühren. Danach die mit einer Gabel verschlagenen Eier zugeben und alles mit dem Schneebesen zu einer glatten Masse schlagen. Möglichst in einer Eisenpfanne in viel guter Butter dünn ausbacken. Die Pfannkuchen werden besonders locker, wenn man die Eier trennt, das Eiweiß zu Schnee schlägt und unter den angerührten Teig hebt.

Eierhaber

Zutaten

Für 4-6 Portionen:
100 g Mehl
1/4 l Milch
6 Eier und 1 Prise Salz

Eierhaber sind besonders gute, mit viel Eiern angereicherte, Pfannkuchen. Sie werden wie diese zubereitet und gelten in Süddeutschland als feine Beilage zu Festtagsbraten. Sie werden nach dem Ausbacken gefaltet oder in Rauten geschnitten oder aber bereits in der Pfanne mit zwei Gabeln in Stücke gerissen.

Hinweis

Wenn Sie einen besonders zarten Teig erhalten wollen, müssen Sie unbedingt zuerst das Mehl mit der Milch verrühren, bevor Sie die Eier zugeben. Wird das Mehl mit den Eiern verrührt und dann die Milch zugegeben, so wird der Teig zäh.

Brandteig

Zutaten

1/4 l Wasser
100 g Butter
1 Prise Zucker, 1 Prise Salz
125 g Mehl
4 Eier

Zubereiten

Das Wasser mit der Butter, dem Zucker und dem Salz aufkochen lassen. Die Hitze reduzieren. Das gesiebte Mehl auf einmal hineinschütten. Mit einem Kochlöffel abrühren, bis die Masse sich nach etwa 2 bis 3 Minuten vom Topf löst. Vom Feuer nehmen, kurz abkühlen lassen und nacheinander die Eier hineinrühren. Der Teig muß spritzfähig sein. Mit dem Spritzsack die Windbeutel auf ein schwach gefettetes Blech spritzen. Genügend Abstand lassen, da sie stark aufgehen. Bei 200 Grad je nach Größe etwa 20 bis 35 Minuten backen.

Strudelteig

Zutaten

200 g Mehl
1 Ei
1 EL warmes Wasser
1 EL Öl oder geschmolzene Butter
1 Prise Salz
Geschmolzene Butter zum Bestreichen

Zubereiten

Das Mehl auf die Arbeitsplatte sieben. Das Ei mit warmem Wasser verrühren und in die Mitte geben. Öl und Salz zufügen. Von innen nach außen zu einem nicht zu festen Teig verarbeiten, der durchgeknetet wird, bis er sich gut von der Hand löst. Zugedeckt mindestens 15 Minuten ruhen lassen. Anschließend den Teig so dünn wie möglich auf einem bemehlten Tuch zu einem Rechteck ausrollen. Mit beiden Händen unter den Teig greifen und ihn von der Mitte her über die Handrücken hauchdünn ausziehen. Die dickeren Außenränder abschneiden. Mit geschmolzener Butter bestreichen und je nach Füllung bis zu einer Stunde bei 200 Grad backen.

Hinweis

Strudelausziehen erfordert einige Übung, denn der Teig muß – wie man den Küchenjungen sagt – so dünn sein, daß man durch ihn die Zeitung lesen kann.

Gut gekühlt können Sie den ausgezogenen Teig oder auch Teigabschnitte mehrere Tage aufbewahren, wenn Sie ihn ungebuttert zwischen Frischhaltefolie zusammenfalten.

Spätzle

Zutaten

Für 4-6 Portionen:
400 g Mehl
6 Eier
Salz
Butter zum Abschmälzen

Zubereiten

Aus Mehl, Eiern und dem nötigen Salz einen glatten, dickflüssigen Teig rühren. Den Teig so lange mit einem Holzlöffel schlagen, bis er Blasen wirft. Anschließend portionsweise auf ein angefeuchtetes Spätzlebrett (mit abgeschrägter Kante) streichen und vom Teig mit einem Palettenmesser Streifen in siedendes Salzwasser schaben. Sobald die Spätzle an die Wasseroberfläche steigen, sind sie gar und werden mit der Schaumkelle herausgenommen. Abtropfen lassen und in reichlich zerlassener Butter abschmälzen.

Nudeln

Zutaten

400 g Mehl
4 Eier
1 EL Wasser
1 EL Öl
Salz
Mehl zum Ausrollen

Zubereiten

Das Mehl auf die Arbeitsplatte sieben, in die Mitte eine Vertiefung drücken. Die Eier mit Wasser, Öl und Salz verquirlen und in diese Vertiefung gießen. Zu einem festen Teig verarbeiten, der etwa 10 Minuten gut durchgearbeitet werden muß, damit er glatt und geschmeidig wird. Er wird dann zu einer Kugel geformt. Zugedeckt etwa 15 Minuten ruhen lassen.

Anschließend in 4 Stücke teilen. Jedes Stück mit Mehl bestäuben und dünn ausrollen. Die Nudelflecken werden an einem warmen Ort leicht getrocknet und zusammengerollt. Mit einem Messer schmalere oder breitere Nudelstreifen – je nach Verwendungszweck – abschneiden. Auf einem Tuch ausbreiten und trocknen lassen. Danach 8-10 Minuten in siedendem Salzwasser garen.

Hinweis

Der Nudelteig wird fester als ein Spätzleteig gehalten. Ich empfehle 1 Eßlöffel Öl hinzuzufügen: der Teig wird dadurch geschmeidiger.

Vanillehalbgefrorenes

Zutaten

4 Eier
150 g Zucker
1 Vanilleschote
1/2 l süße Sahne

Zubereiten

Die Eier mit 100 Gramm Zucker und dem ausgekratzten Mark der Vanilleschote im Wasserbad schaumig schlagen. Danach über Eiswürfeln kaltschlagen. Die Sahne mit dem restlichen Zucker steif schlagen und unter die Eimasse ziehen.

Danach wird diese Masse in Metallformen gefüllt, da Metall die Kälte am besten leitet. Im Tiefkühlfach tiefgefrieren. Vor dem Servieren das Halbgefrorene im Kühlschrank geschmeidig werden lassen.

Läßt man die Vanille weg, so kann man diese Grundmasse mit verschiedenen Geschmacksstoffen variieren, wie etwa mit Kirschwasser, Rum, Nougat oder Fruchtmark.

Pastetengewürzsalz

50 g weißer Pfeffer
15 g Majoran
15 g Muskat
30 g Lorbeer
20 g Nelken
50 g Salbei
25 g Piment
10 g Rosmarin
250 g Salinensalz

Wildgewürzsalz

50 g Majoran
25 g Thymian
15 g Rosmarin
25 g Basilikum
15 g Pfeffer
20 g Muskatnuß
25 g Muskatblüte
50 g Koriander
350 g Salinensalz

Hinweis

Die einzelnen Gewürze werden pulverisiert, bevor sie mit dem Salz vermischt werden. In Schraubgläsern und vor Licht geschützt aufbewahren. Zum Gebrauch kleinere Mengen in Streudosen abfüllen.

Alphabetisches Verzeichnis der Rezepte

Verzeichnis der Rezepte nach Sachgruppen

Vorspeisen

Pasteten und Terrinen

Suppen

Fisch

Krusten- und Schalentiere

Fleisch und Innereien

Geflügel

Wild und Wildgeflügel

Desserts

Grundrezepte

— 11